本书系2018年国家社科基金项目 全球化视野下中国出版"走出去"战略创新发展研究（18XXW002）的阶段性成果。

重庆社会科学基金项目 数字出版发展的国际趋势与重庆市数字出版基地创新发展研究（2017YBCB064）的结项成果。

数字出版发展的国际趋势与重庆市数字出版基地创新发展研究

ShuZi ChuBan FaZhan De GuoJi QuShi Yu ChongQingShi ShuZi ChuBan JiDi ChuangXin FaZhan YanJiu

裴永刚 著

百家文库

中国书籍出版社
China Book Press

图书在版编目（CIP）数据

数字出版发展的国际趋势与重庆市数字出版基地创新发展研究/裴永刚著.—北京：中国书籍出版社，2019.6

ISBN 978-7-5068-7300-0

Ⅰ.①数… Ⅱ.①裴… Ⅲ.①电子出版物—出版工作—研究—重庆 Ⅳ.①G239.277.19

中国版本图书馆 CIP 数据核字（2019）第 106775 号

数字出版发展的国际趋势与重庆市数字出版基地创新发展研究

裴永刚　著

责任编辑	毕　磊
责任印制	孙马飞　马　芝
封面设计	中联华文
出版发行	中国书籍出版社
地　　址	北京市丰台区三路居路 97 号（邮编：100073）
电　　话	（010）52257143（总编室）　（010）52257140（发行部）
电子邮箱	eo@chinabp.com.cn
经　　销	全国新华书店
印　　刷	三河市华东印刷有限公司
开　　本	710 毫米×1000 毫米　1/16
字　　数	208 千字
印　　张	15.5
版　　次	2019 年 6 月第 1 版　2019 年 6 月第 1 次印刷
书　　号	ISBN 978-7-5068-7300-0
定　　价	85.00 元

版权所有　翻印必究

前　言

数字出版（digitalized publishing）是人类有史以来增长最快的传播手段，是指以数字形式存贮和传播信息，读者必须通过各种形态的计算机（如平板电脑）或具有计算机特征的智能终端（如智能手机、电子阅读器）阅读使用的出版行为和形式[①]。当前，大数据和人工智能等技术成为国际数字出版产业飞速发展的推手。基于读者的数字阅读创新成为数字出版产业发展的巨大动力。在国际数字出版舞台上，一批创业型的数字出版企业成为创新的典范。这批创业型的数字出版企业借助最新开展的移动互联网、人工智能等技术深挖读者需求，创新数字阅读服务模式，开创全新的商业模式。这些数字出版企业的努力付出赢得了市场和读者的认可，实现了持续快速成长，为产业发展注入了新鲜的活力。

2017年9月27日，《新闻出版广播影视"十三五"发展规划》发布，规划明确提出，到"十三五"期末，数字出版营业收入达到9600亿元，年均增速不低于17%；新兴产品中电子书收入达到107亿元，数字报纸收入达到14亿元，数字期刊收入达37亿元，移动出版收入达到2700亿元；推进传统新闻出版业在人员、理念、模式、市场和服务等更高层面全面加快数字化转型升级步伐。绿色印刷、数字印刷、按需

---

① 匡文波. 数字出版教程［M］. 北京：中国人民大学出版社，2016.

印刷发展加快,智慧印厂建设加速,发行流通的信息化、智能化、标准化、集约化水平全面提升;"十三五"时期,版权输出的增长速度达到5%,到"十三五"期末版权输出规模突破13000种;数字出版产品出口增长速度达到17%,到"十三五"期末数字出版产品出口规模达到110亿美元①。"十三五"规划明确提出做优做大做强新闻出版广播影视产业,进一步提高规模化、集约化、专业化水平。其中指出要加快产业基地建设工程,要加快建设出版创意基地、数字出版基地等,形成较为完整的内容创意、加工、储存、复制、传播、消费、物流产业链,集聚行业资源,培育新型业态,形成规模效应,转变基地(园区)发展方式,规范基地(园区)管理,建立和完善退出机制。

《新闻出版业数字出版"十三五"时期发展规划》指出到"十三五"期末,要全面完成传统新闻出版业数字化转型升级。在完成装备、流程、生产能力和产品形态转型的基础上,推动传统新闻出版业在人员、理念、模式、市场和服务等更高层面全面完成数字化转型升级。积极推动"互联网+"行动在新闻出版领域落地,充分运用互联网思维,探索"内容+互联网"的有效模式,提升内容资源运营服务能力;贯彻落实"大数据战略",利用大数据以及数据挖掘、语义分析、高性能计算和物联网等新兴技术,开展出版物智能选题、自动生产、协同编辑、精准发行和个性化定制试验;建立基于大数据的出版产品研发体系、市场交易体系和行业监管体系,推动出版管理过程的数据化,建立基于数字出版业务的数据分析评价体系;开展用户行为大数据分析,创新数字出版服务运营模式;加快移动出版产业链建设,鼓励开发基于场景和网络社区的新型信息和知识服务产品,进一步培育细分市场;鼓励出版单位借助政府和行业资源,开发数据出版业务;鼓励出版单位基于

---

① 新闻出版广播影视"十三五"发展规划[EB/OL].(2017-09-27)[2019-02-15]. http://www.gapp.gov.cn/sapprft/contents/6588/350248.shtml.

工作、学习和生活环境开展数字内容融合发展业务,拓展数字出版服务领域①。

原国家新闻出版广电总局一直都将数字出版产业基地(园区)作为推动新闻出版发展的重要举措和有力抓手,将基地(园区)建设以及有关建设工程作为重要任务与重大工程纳入行业"十二五""十三五"规划。如针对数字出版基地资金不足的问题,2017年原国家新闻出版广电总局征集遴选一批项目库合作基金,基金支持的重点方向就是基地园区建设,将通过各种方式,引导各类资本有序进入基地园区②。

重庆两江新闻国家数字出版基地于2009年8月获批,2010年4月正式挂牌,设立在重庆北部新区高新园水星科技大厦北翼厂房b座,占地约6万平方米,成为全国第二家、西部地区首个国家级数字出版基地。

在创新2.0时代用户创新、开放创新、协同创新、大众创新的新趋势下,众创空间兴起。其主要是根据互联网及其应用深入发展、知识社会创新2.0环境下的创新创业特点和需求,通过市场化机制、专业化服务和资本化途径构建的低成本、便利化、全要素、开放式的新型创业公共服务平台的统称③。重庆数字出版基地要发展众创空间,要充分发挥社会力量,有效利用国家自主创新示范区、国家高新区、应用创新园区、科技企业孵化器、高校和科研院所的有利条件,着力发挥政策集成效应,实现创新与创业相结合、线上与线下相结合、孵化与投资相结合,为创业者提供良好的工作空间、网络空间、社交空间和资源共享空

---

① 新闻出版业数字出版"十三五"时期发展规划[EB/OL].(2016-06-19)[2019-02-15]. http://www.gapp.gov.cn/ztzzd/zdgzl/cbyszhzxsjxmzl/contents/4380/315105.shtml.
② 数字出版产业基地,靠什么实现400亿利润?[EB/OL].(2017-02-16)[2017-11-10]. http://www.sohu.com/a/126458839_267807.
③ 众创空间.[EB/OL].[2017-11-10]. https://baike.baidu.com/item/%E4%BC%97%E5%88%9B%E7%A9%BA%E9%97%B4/16694406?fr=aladdin.

间，实现重庆数字出版基地的创新发展。

本研究主要研究数字出版发展的国际趋势与重庆市数字出版基地发展的现状，存在的问题，并提出相关建议。具体而言，本研究共分为如下七个部分。

第一部分：绪论。主要介绍数字出版产业发展的国内外现状、主要内容、基本思路、研究方法、重点难点、主要观点和创新之处，以及相关的文献综述，包括对数字出版产业的认识，关于国家数字出版基地的相关政策等。

第二部分：相关理论。主要介绍与数字出版产业和数字出版基地相关的理论，包括产业发展理论、产业竞争力理论、政策工具选择理论、产业集群理论、区域创新理论等，涉及管理学、政治学、社会学、经济学、信息学等多个学科知识。

第三部分：国际数字出版发展状况。首先，整体对数字出版产业的国际发展状况进行了概述。具体从传统出版业数字化、数字新闻出版业、互联网与移动媒体等三方面加以介绍；其次，对欧洲数字出版产业的发展进行了具体分析，指出欧洲图书也正处于数字化浪潮，大多数图书爱好者仍然忠实于印刷图书，纸质图书是欧洲最受欢迎的阅读方式，电子书市场比较疲软；再次，对北美数字出版产业的发展，特别是对美国数字出版产业发展从发展现状、存在问题和发展趋势进行了详细分析。

第四部分：重庆两江新区国家数字出版基地的发展状况。首先对重庆市数字出版产业发展进行了分析，指出重庆数字出版形成产业成长性特征、传统出版业数字转型成效显著、产业集聚效应呈现、融合发展能力进一步提升、产业政策叠加性效应显著；其次，对重庆两江新区国家数字出版基地，从基地的发展历程、当下的发展进行了阐述；再次，对重庆两江新区国家数字出版基地的发展要素、发展经验进行了具体分析。

第五部分：重庆两江新区国家数字出版基地存在的问题。本部分从媒介地理学的视角出发，从时间、空间、地方、景观和尺度等媒介地理学要素入手，对重庆两江新区国家数字出版基地存在的问题进行探讨。如空间要素中，基地偏地产运行、精神空间感存在不足、少数族群空间缺失等。通过这些要素，明确了基地存在的问题。

第六部分：国内外数字出版产业园区的分析。本部分分别介绍了美国、英国、日本、韩国、我国的台湾地区的数字出版产业园区的发展情况，总结了相关的经验，从而对我国国家数字出版产业基地的发展提供了"他山之石"。

第七部分：重庆两江新区国家数字出版基地发展策略。本部分从基地宏观层面、产业中观层面、企业微观层面分别对基地的品牌特色、创新能力、管理职能、人才培养等进行了探讨，在此基础上对重庆两江新区国家数字出版基地趋势进行了展望，指出重庆将成为西部数字出版高地、数字出版业将形成巨大辐射力、本土数字出版企业将不断扩大、数字出版基地智能化将会更加显著等。

本研究对重庆两江新区国家数字出版产业基地开展了较为系统、深入的研究，但是由于客观研究条件、研究者能力等多方面因素的限制，也仍存在一些不足之处。一是对重庆两江新区国家数字出版基地的分析还不是很到位，缺乏一些必要的数据支撑；二是国外经验借鉴还不足，国际数字出版的发展趋势还有待时间验证。就我国数字出版产业基地建设而言，如何借鉴国内外优秀的数字出版产业基地建设的相关经验，促进我国数字出版产业基地的更快发展，是需要进一步认真思考和总结的。

目　录
CONTENTS

第一章　绪　　论 ………………………………………… 1
　1.1　国内外研究现状述评及研究意义　1
　　1.1.1　国内外研究现状述评　2
　　1.1.2　研究意义　5
　1.2　主要内容、基本思路、研究方法　6
　　1.2.1　研究的主要内容　6
　　1.2.2　研究的基本思路　7
　　1.2.3　研究方法　8
　1.3　重点难点和创新之处　9
　　1.3.1　研究的重点难点　9
　　1.3.2　研究的创新之处　9
　1.4　相关的概念　10
　　1.4.1　数字出版　10
　　1.4.2　数字出版产业　10
　　1.4.3　数字出版基地　12

第二章　数字出版相关理论 ……………………………… 14
　2.1　产业发展理论　14
　　2.1.1　产业生命周期　14

2.1.2　产业结构　15
　　2.1.3　产业发展战略　17
2.2　产业竞争力理论　18
　　2.2.1　产业竞争力理论演变　19
　　2.2.2　产业竞争力形成机制　23
2.3　政策工具理论　28
　　2.3.1　政策工具研究演变　28
　　2.3.2　政策工具内涵　30
　　2.3.3　政策工具的类型　31
　　2.3.4　影响政策工具选择的因素　34
　　2.3.5　国家数字出版基地所采取的政策工具　39
2.4　产业集聚理论　40
　　2.4.1　产业集聚概念及影响因素研究　42
　　2.4.2　产业集聚发展路径及发展模式研究　44
　　2.4.3　产业集聚效应研究　45
2.5　区域创新理论　47
　　2.5.1　区域创新内涵　48
　　2.5.2　系统类型　49
2.6　本章小结　51

第三章　国际数字出版发展状况　52

3.1　数字出版产业国际发展状况　52
　　3.1.1　发展现状　52
　　3.1.2　存在问题　63
　　3.1.3　发展趋势　64
3.2　欧洲数字出版产业发展状况　67
　　3.2.1　发展现状　67

3.2.2　存在问题　79
　　3.2.3　发展趋势　81
3.3　北美数字出版产业发展状况　85
　　3.3.1　发展现状　85
　　3.3.2　存在问题　97
　　3.3.3　发展趋势　101
3.4　本章小结　108

第四章　重庆两江新区国家数字出版基地发展状况 109
4.1　重庆市数字出版产业发展现状　109
　　4.1.1　重庆市数字出版产业发展现状　110
　　4.1.2　重庆市数字出版产业发展趋势　115
4.2　重庆两江新区国家数字出版基地发展现状　118
　　4.2.1　重庆两江新区国家数字出版基地概况　119
　　4.2.2　发展历程　120
4.3　重庆两江新区国家数字出版基地发展因素　121
　　4.3.1　数字出版产业政策的激励　122
　　4.3.2　独特的地理和文化定位　125
　　4.3.3　优秀的人才　126
4.4　重庆两江新区国家数字出版基地发展经验　128
　　4.4.1　基地采用多种方式护持企业成长　128
　　4.4.2　帮助数字出版企业控风险　129
　　4.4.3　通过龙头企业带动产业集群发展　130
4.5　本章小结　131

第五章　重庆两江新区国家数字出版基地存在的问题 132
5.1　空间：空间感存在度低　132

5.1.1 基地偏地产运行，产业结构不完善 133
5.1.2 企业根植性不强 134
5.1.3 资源孤岛现象突出 134
5.1.4 精神空间存在感不足 135
5.1.5 少数族群的空间缺失 135

5.2 地方：缺乏地方特色，缺少本地专业人才 136
5.2.1 地方特色缺乏 137
5.2.2 对外来人才吸引力弱，本地相关人才匮乏 138
5.2.3 基地内传统出版企业偏少，上下游配置不合理 141

5.3 景观：不完整的景观构建 142
5.3.1 基地实体建设特色不明显，市场化发展不足 142
5.3.2 传播内容有待提高 143
5.3.3 传播创新不足 144

5.4 尺度：产品只有本土性，金融支持有待加强 146
5.4.1 发展主要局限于当地 146
5.4.2 金融支持尚未形成合力 147

5.5 本章小结 148

第六章 国内外数字出版产业基地发展借鉴 149

6.1 美国纽约SOHO区 149
6.1.1 基本情况 149
6.1.2 经验启示 150

6.2 英国伦敦西区 151
6.2.1 基本情况 151
6.2.2 经验启示 152

6.3 韩国坡州出版园区 153
6.3.1 基本情况 153

6.3.2 经验启示 155

6.4 上海张江国家数字出版基地 156
   6.4.1 基本情况 156
   6.4.2 经验启示 159

6.5 台湾新竹科技工业园 161
   6.5.1 基本情况 161
   6.5.2 经验启示 161

6.6 国内外数字产业园比较分析 163
   6.6.1 运营模式对比 163
   6.6.2 政策支持对比 165
   6.6.3 中外文化产业园对比 166

6.7 本章小结 169

第七章 重庆两江新区国家数字出版基地个案分析 …………………… 170

7.1 华龙网 170
   7.1.1 发展概况 170
   7.1.2 发展特点 172
   7.1.3 存在问题 174
   7.1.4 优化策略 177

7.2 猪八戒网 183
   7.2.1 发展概况 183
   7.2.2 发展特点 184
   7.2.3 存在问题 186
   7.2.4 优化策略 189

7.3 本章小结 192

第八章　重庆两江新区国家数字出版基地发展策略及展望………… **194**
 8.1　调研分析　195
  8.1.1　调研对象及方法　195
  8.1.2　调研结果分析　195
 8.2　创新发展策略　199
  8.2.1　基地宏观层面　199
  8.2.2　产业中观层面　201
  8.2.3　企业微观层面　202
 8.3　展　望　207
  8.3.1　成为西部内陆数字出版高地　207
  8.3.2　数字出版产业将形成巨大辐射力　208
  8.3.3　本土数字出版企业将不断壮大　209
  8.3.4　数字出版产业基地智能化将会更加显著　210
 8.4　本章小结　211

结　语……………………………………………………………………… **212**

参考文献…………………………………………………………………… **214**

第一章

绪　论

1.1　国内外研究现状述评及研究意义

数字媒体不断向纵深发展，已经在社会文化生活的多个领域展开基础性应用。重庆市数字出版产业发展态势良好，正跨入"3.0"时代。"十三五"期间，重庆将紧紧围绕"建设文化强市"目标，以内容建设为中心，以媒体融合为抓手，通过全面深化改革和依靠科技进步，推动数字出版产业又好又快发展，从而促进重庆市新闻出版行业转型升级。

从国际上来看，数字出版早已成为文化产业的重要形态并呈现全球化的发展态势。北美、欧洲等成为世界范围内数字出版的聚集地和引领者。

重庆数字出版产业要借助国际数字出版发展浪潮，稳步推进并力争迎头赶上。"十三五"期间，重庆要力争数字出版产业增加值高于全市文化产业增加值2—3个百分点，达到20%以上，把重庆建设成为长江上游数字传播中心、内陆数字出版聚集地、西部地区数字出版高地。

1.1.1 国内外研究现状述评

1. 数字出版产业的研究

在中国知网，以数字出版产业作为篇名进行检索，数字出版产业最早研究始于2002年发表在《电子出版》杂志上的一篇文章——《数字出版：我国出版产业发展的新机遇》。从那时起到现在，研究逐年增多，到2018年底总计为538篇。其中2014年最多，发表数量为73篇。这当中比较具有代表性、引用率高的是来自南京大学肖洋博士的论文《我国数字出版产业发展战略研究——基于产业结构、区域、阶段的视角》[①]。作者主要是从管理学和经济学的视角对我国的数字出版产业进行了宏观思考，从数字出版产业战略实施中存在的问题入手，提出了数字出版产业发展战略。

此外，还有从政策视角进行研究的，如硕士论文《我国数字出版产业政策研究》[②]从纵向和横向的角度对数字出版产业的相关政策进行政策解读和分析；从传播学的角度进行分析的，如硕士论文《我国数字出版产业发展现状及策略分析》[③]通过数字出版与传统出版传播方式的不同来分析数字出版产业的优势、不足和前景，然后提出一系列的解决措施。

2. 数字出版基地的研究

根据中国知网资料，以数字出版基地作为篇名进行检索发现，数字出版基地的研究始于2008年，到2018年底，相关的研究共有88篇，其中相关的学位论文有6篇，包括《我国国家数字出版基地发展现状及

---

① 肖洋. 我国数字出版产业发展战略研究：基于产业结构、区域、阶段的视角[D]. 南京：南京大学博士论文，2013.
② 陈文倩. 我国数字出版产业政策研究[D]. 武汉：武汉理工大学硕士论文，2013.
③ 胡昀. 我国数字出版产业发展现状及策略分析[D]. 保定：河北大学硕士论文，2011.

策略分析》《国家数字出版基地研究》《媒介地理学视角下的重庆北部新区国家数字出版基地研究》《长三角地区国家数字出版产业基地比较研究》《"走出去"视野下的数字出版基地发展评价研究》和《国家数字出版基地政策工具选择研究——以海峡国家数字出版基地为例》。这里值得一提的是陕西师范大学薛海洋的《媒介地理学视角下的重庆北部新区国家数字出版基地研究》①，该论文以重庆北部新区国家数字出版基地为主要研究对象，以媒介地理学理论作为研究视角，通过对重庆两江新区国家数字出版基地的基本情况的分析，指出存在的问题并提出相应的发展建议，以来自地理视角的分析，为媒介产业出版集群发展提供启示和建议。

3. 重庆数字出版的研究

对于重庆数字出版产业，众多专家学者从不同方面进行了研究。面对传统出版业的日渐式微，我国出版企业应向数字移动化转型升级，以应对移动数字化时代的到来（汤天甜，2016）；商业模式一直是传统出版和数字出版研究领域的热点话题。"互联网+"时代，内容的呈现形式和传播方式发生改变，也带来了商业模式的革新。"电商+社群"正作为新型营销模式，悄然转变着出版业的商业模式（陈香，2016）。由于起步较晚，我国数字出版知识服务功能欠缺。数字化为技术与人文的结合构筑了新平台，通过技术逻辑和人文逻辑相耦合的"数字人文"改写数字出版的知识服务功能（郝振省，2017）；柳斌杰（2016）认为未来几年出版业融合发展的趋势还会继续深入。从发行网络上看，新华书店不再"一家独大"，民营摊点、网络销售、超市、阅读空间等多形态的发行网络，将重构发行版图。出版业转型升级深化，有声读物、多媒体读物、音乐读物、绘画读物会与新技术结合得更紧密；针对数字出

---

① 薛海洋. 媒介地理学视角下的重庆北部新区国家数字出版基地研究［D］. 西安：陕西师范大学硕士论文，2016.

版中紧缺人才的问题，研究者认为，数字出版人才培养需要突出体系化的特征。在培训转化、知识分享、产业实训、制度支撑、文化烘托等多个领域，建立起了一系列交融支撑、联系转承的人才培养体系，共同构成了数字出版人才培养的良性生态系统（林清发，2017）。

"产业集聚是彼此具有共性的企业在空间位置上的现象。"① "产业的集聚会使一大批行业相同的企业凝聚在一块，继而会产生规模经济。"② 产业集聚（industry agglomeration）作为经济活动最典型的空间特征，是全球性的经济现象。最典型的产业集聚现象当属美国，如集中于美国的东北部和中西部的制造业，聚集于硅谷的高科技行业（如思科、英特尔等），纽约麦迪逊大道的广告业，华尔街的金融业，英国则有伦敦SOHO区的文化创意产业园区等；而中国经过40年的改革开放，也呈现出产业集聚的现象，如东部沿海地区的制造业、北京中关村计算机产业、上海徐家汇的金融业、上海张江的数字出版产业、深圳的电子信息业、天津滨海新区的文化产业等。

产业集聚有着多方面的优势。首先，产业集聚可以产生外部经济效益。产业集聚可以降低劳动力成本，分享产业园区的公共设施，降低企业的使用成本，提高企业效率。同时，相同的企业集聚在一起，彼此之间的信息交流更加快捷，更有利于彼此之间合作，形成团队。其次，产业集聚使得相同行业聚集在一起，在原材料采购、交通运输、下游市场占有等方面具有更大的话语权，从而稳定市场份额，降低交易成本。第三，产业集聚可以强化专业化分工，促进市场规模的扩大。第四，产业集聚可以使得企业间形成良性竞争态势，迫使企业加紧进行技术创新，从而推动整个行业的不断发展。就出版产业而言，日本80%的出版产

---

① 迈克尔·波特. 国家竞争优势［M］. 北京：华夏出版社，2002.
② David Keeble. Industrial location and planning in the United Kingdom［M］. London，Methuen，1976.

业集中在日本东京。截至2016年年底,我国共有出版社584家(包括副牌社33家)①,其中50%左右集中在北京。

从产业集聚效应来看,我国国家数字出版基地目前处于集群形成阶段,已经产生了一定的规模效应和竞争效应。出版产业的根本是内容产业。无论技术如何变化,出版物实质上是提供优质的内容。出版企业的发展在于内容,是知识和信息的集聚,这也是出版形成产业的根本原因;出版技术的发展和传播给出版产业带来了质的变化,由传统出版向数字出版的飞跃。数字出版产业越来越占据主要地位,数字出版产业的产业集聚效应也越来越明显。

1.1.2 研究意义

本研究从全球化视野下的数字出版国际趋势出发,借鉴国际数字出版的先进经验和做法,观照重庆市数字出版发展战略,尤其是以两江新区的重庆市国家级数字出版基地为研究对象,研究其进一步发展创新的策略与路径。两江新区国家数字出版基地既是实现两江新区文化大发展大繁荣不可缺少的组成部分,也是两江新区立足文化创意产业、打造众创空间、形成集聚效应、实现科技与文化双轮驱动战略的重要举措。对两江新区国家数字出版基地产业化发展进行深入研究,不仅能够在理论上丰富现有的数字出版研究相关成果,更重要的是在实践中关注两江新区数字出版面临的问题并探寻相应的发展策略,完善众创空间,保持并扩大产业发展规模与优势,提升两江新区国家数字出版基地的核心竞争力,从而使重庆数字出版战略更具前瞻性与可操作性。

---

① 2016年全国新闻出版业基本情况[EB/OL]. (2017-09-27) [2017-11-10]. http://www.sapprft.gov.cn/sapprft/govpublic/6677/1633.shtml.

1.2 主要内容、基本思路、研究方法

1.2.1 研究的主要内容

1. 数字出版的内容生产创新。数字出版需要完成从传统批量到个性化内容定制的转型。随着社会生活节奏加快以及移动互联终端的兴起，"碎片化"趋势在数字内容消费领域日益明显，表现为消费时间和阅读内容的"双重碎片化"。从消费角度而言，这是个体追求个性与自我的必然要求。从文化产品生产角度而言，这是未来产品内容设计、品牌定位及媒体选择的重要依据。从操作层面而言，需要在以下三个方面加以创新：个性化数字内容定制平台要实现与各种社交新媒体和移动互联终端的无障碍连接，优化用户阅读体验及体验分享；个性化数字内容定制平台与在线支付平台之间要实现无缝对接，为产品用户提供便捷的在线购买服务；个性化数字内容定制平台要实现与行业数据分析产品的实时连接，以便及时挖掘、分析消费者最真实的消费体验和阅读需求。

2. 数字出版的营销策略创新。重庆两江新区国家数字出版基地的独特优势之一就是云计算平台的构建与完善，而云计算和在此之上的大数据实际应用为数字出版的精准营销提供了更大的可能与空间。在大数据背景下，网络媒体营销手段需要得到进一步发展。数字出版已开始从内容为王、渠道为王走向"运营至上"的时代。只有良好的运营，才能在正确的时间、正确的地点把正确的内容，以正确的渠道和正确的方式推送给读者。

3. 数字出版产品盈利模式创新。在数字出版状态下，需要不断激发消费者的付费意愿。我国网民长期以来付费意愿始终较低。我国数字

出版的付费用户主要由企业和机构用户构成，个人用户比重较小，导致数字出版产业无法构建清晰而有效的盈利模式。要改变这种状况，一方面要求数字出版企业从开始就针对目标消费者的个性化需求来开发数字内容产品；另一方面，则要借鉴创新国外数字出版的盈利模式。

4. 数字出版观念和人才培养创新。数字出版对新技术、云计算和各类数据的依赖性会越来越高，数字内容产品设计、广告媒体投放及效果测定均会据此做出判断，技术和数据驱动型的决策比重会不断增加。消费需求被前置并提到了战略高度。数字出版产业的企业组织架构和业务流程都需要围绕这些变化积极灵活地对消费需求做出响应。数字出版的人才培养储备也需尽早尽快完善，强化出版企业的内部战略规划和市场运营水平。

1.2.2 研究的基本思路

本研究将聚焦数字出版产业的发展，深入全面分析重庆两江新区数字出版基地的发展状况、市场机制、平台构建等，充分发挥重庆两江新区数字出版产业的区位优势和竞争优势。同时关注数字出版产业向纵深发展时面临的问题，进而开展相应的对策研究，为政府相关部门的决策提供参考依据。

本研究计划在两个年度内完成。研究计划大致如下：

a. 对数字出版产业国际发展趋势进行资料收集整理；

b. 分析欧洲数字出版的发展趋势；

c. 分析北美数字出版的发展趋势；

d. 针对重庆数字出版战略进行对策研究；

e. 撰写《数字出版发展的国际趋势与重庆市数字出版基地创新发展研究》专著。

1.2.3 研究方法

本研究拟采用以下研究方法：1. 文献调研法。文献调研法是指通过对文献的搜集、鉴别、整理和研究，形成对重庆数字出版基地的科学认识的方法。文献调研是本研究顺利开展的基础。本研究将围绕相关的研究问题，对重庆数字出版基地的相关研究成果进行搜集、整理和综述，形成系统认识，同时发现当前研究存在的不足。同时尽可能多地查询、收集数字出版中出现的问题及典型案例，并对其中的产业发展格局变化以及社会影响进行挖掘和梳理。2. 媒介地理学方法。把媒介地理学理论应用到重庆数字出版产业基地研究中。分析不同媒介地理视域下，重庆数字出版基地的不同表现。3. 定量研究法。对重庆市数字出版的发展情况进行统计和归类，客观准确地描述各个数字出版基地的发展特点和趋势。4. 社会网络分析法。社会网络分析法是利用数学图形推理和定量分析方法对网络结构进行测定的一种重要分析方法和工具，是战略联盟关系研究的重要理论和分析视角。产业链是关联企业之间构成的一种战略联盟关系网链，本研究采用社会网络分析法，通过获取重庆市数字出版关联企业间的战略联盟/战略合作信息，构建数字出版战略联盟关系网络，探讨联盟企业间的关联关系强弱，探寻产业链的主导企业。5. 案例分析法。通过对重庆两江新区数字出版基地的具体分析研究，以得出一般性、普遍性规律的分析方法。6. 问卷调查法。针对数字出版内容、新媒体阅读方式变化等开展相应的受众调查。

1.3　重点难点和创新之处

1.3.1　研究的重点难点

1. 由于重庆两江新区国家数字出版基地内部的发展规模、发展阶段和发展水平各有差异，加上国际上对数字出版产业的认识不尽相同，如何在中国数字出版产业整体发展和国际数字出版发展趋势背景下，构建基于内容生产创新、营销渠道创新、产品盈利模式创新和终端设备创新等的重庆两江新区国家数字出版基地，是本研究研究的重点和关键，也是难点之一。

2. 重庆数字出版基地内部各环节之间、基地内部各企业之间、不同基地用户需求之间均存在不一致的地方，需要进行具体的调查和分析，从而根据各个数字出版基地的特点，制定相应的发展策略。

3. 在对重庆两江新区国家数字出版产业基地产业集聚的分析方面，提出了几个重要的路径，从内容整合、渠道整合、资本整合、产业联盟与产业集群化建设等角度进行分析。这些方面的研究既是本研究的重点，也是要尝试解决的难题。

1.3.2　研究的创新之处

本研究的创新之处也正是本研究预计突破的难点和重点所在，即数字出版内容创新和数字出版产品盈利模式创新。数字出版对内容的要求并不是传统内容的数字化，而是适合平台发布和终端阅读的新内容。有效而持续的盈利模式则是数字出版产业未来发展的动力所在。同时，还要把重庆市数字出版发展战略自觉合理地纳入数字出版的国际发展趋势中,顺应行业发展潮流,力争在未来的文化产业发展中赢得主动。

1.4 相关的概念

1.4.1 数字出版

数字出版是指利用数字技术进行内容编辑加工,并通过网络传播数字内容产品的一种新型出版方式,其主要特征为内容生产数字化、管理过程数字化、产品形态数字化和传播渠道网络化。目前数字出版产品形态主要包括电子图书、数字报纸、数字期刊、网络原创文学、网络教育出版物、网络地图、数字音乐、网络动漫、网络游戏、数据库出版物、手机出版物(彩信、彩铃、手机报纸、手机期刊、手机小说、手机游戏)等。数字出版产品的传播途径主要包括有线互联网、无线通信网和卫星网络等。由于其海量存储、搜索便捷、传输快速、互动性强、成本低廉、环保低碳等特点,已经成为出版业的战略性新兴产业和出版业发展的主要方向①。

1.4.2 数字出版产业

出版产业是指以编辑、生产制作和发行图书、期刊、报纸和音像电子等出版物为主的企业组织及其在市场上的相互关系的集合。数字出版产业是基于数字技术编辑、生产制作、传播和销售数字内容产品,或基

---

① 新闻出版总署关于加快我国数字出版产业发展的若干意见 [EB/OL]. (2010 – 08 – 16) [2017 – 11 – 10]. http://www.gov.cn/gongbao/content/2011/content_1778072.htm.

于内容投送平台提供信息或内容服务的产业，涉及信息产业、文化产业、新闻出版产业、娱乐产业、数字内容服务和互联网信息服务等多个方面。

2017年，国内数字出版产业整体收入规模突破7000亿元，达到7071.93亿元。其中：互联网期刊收入达20.1亿元，电子书达54亿元，数字报纸（不含手机报）达8.6亿元，博客类应用达77.13亿元，在线音乐达85亿元，网络动漫达178.9亿元，移动出版（移动阅读、移动音乐、移动游戏等）达1796.3亿元，网络游戏达884.9亿元，在线教育达1010亿元，互联网广告达2957亿元。

图书、报纸、期刊作为我国传统新闻出版单位的主营业务，一直颇受重视。近年来，传统出版单位纷纷推进转型升级、融合发展工作，加快实施数字出版业务，取得一定成效，但与其他新业态相比，增长仍然缓慢。

2017年，互联网期刊、电子图书、数字报纸的总收入为82.7亿元，与2016年相比增长5.35%，低于2016年5.44%的增长幅度，在数字出版总收入中占比为1.17%，较2016年的1.54%和2015年的1.77%来说，继续处于下降阶段。这表明书报刊数字化收入增幅低于其他数字出版服务收入的增速。

2017年，移动出版收入1796.3亿元，在线教育收入1010亿元，网络游戏收入884.9亿元，网络动漫收入178.9亿元，四者占数字出版收入规模的比例为54.7%。表明移动出版依然是数字出版的重要发展方向，具有雄厚的发展潜力；在线教育作为数字教育出版最为活跃的部分，经过激烈的市场竞争，资源趋向集中化，马太效应初显；网络游戏虽然受到一些家长、教师等的质疑，但是仍然有较大的市场；网络动漫经过多年的探索与坚持，深受资本追逐，继续保持快速发展态势。

截至2017年年底，我国数字出版产业的累计用户规模达到18.25

亿人（家/个）（包含了重复注册和历年尘封的用户等）。微博的用户数与2016年相比，增长了16.6%；网络游戏的用户规模数增长3%；在线音乐用户数增长8.99%；原创网络文学注册用户数增长13.5%①。

数字出版产业与新媒体产业是极为相似和相近的产业，它们的重合度很高，产业发展的规律相似，从产业发展的趋势来看，行业融合、跨媒体发展是大势所趋，因此，在实践中常将两种产业等同看待②。

1.4.3 数字出版基地

数字出版基地是数字出版产业集聚发展的实践结果。与数字出版产业基地相类似的产业集聚区有很多，如新媒体产业基地、数字内容产业基地、文化创意产业基地、版权产业基地、动漫产业基地等。鉴于此，数字出版产业应该考虑数字出版发展的内涵与外延，注意数字出版产业发展的具体实践，不需要做特别严格的区分。可以从不同角度对数字出版产业进行划分，从而形成不同类型的数字出版产业基地。具体数字出版产业基地的定义，可以参照以下两种：

国家新闻出版产业基地（园区）是指经原国家新闻出版广电总局认定，以新闻出版创意策划、内容采集加工、产品生产制作、数字内容服务、绿色印刷复制、出版物物流配送、版权交易、进出口贸易等为主要发展方向，以聚集新闻出版企业，及为其提供技术支撑、原料设备供给、行业服务企业为主的产业集聚群。③

---

① 2017－2018中国数字出版产业年度报告［EB/OL］．（2018－07－24）［2019－02－15］．http://www.cbbr.com.cn/article/123368.html.

② 杨伟晔．数字出版基地的内涵及界定［J］．广西师范学院学报（哲学社会科学版），2014（11）：144－147.

③ 国家新闻出版广电总局．国家新闻出版产业基地（园区）管理办法．［EB/OL］．［2017－11－10］．http://www.chinadmd.com/file/xp36e63porp6ue3vrewcveav_1.html.

数字出版基地主要指由政府或民间组织、机构规划建设,通过控制产业基地招商定位,吸引数字出版行业的相关企业入驻,在基地内产生产业集聚和规模效应,形成完整的产业链,从而促进数字出版产业快速发展的产业园区。①

---

① 张立,王鹏.2014—2015中国数字出版产业年度报告[M].北京:中国书籍出版社,2015.

第二章

数字出版相关理论

2.1 产业发展理论

产业发展是指产业产生、成长和进化过程，既包括单个产业的进化过程，又包括产业总体也就是国民经济整体的进化过程。① 版权产业属于国民经济中的第三产业，要推动中国出版物版权输出，则需要对产业发展的各个方面，包括产业生命周期、产业结构及产业发展战略进行把握。

2.1.1 产业生命周期

产业生命周期是指产业从出现到完全退出社会经济活动所经历的时间。产业生命发展周期主要包括四个发展阶段：幼稚期、成长期、成熟期、衰退期。产业生命周期曲线忽略了具体的产品型号、质量、规格等差异，仅仅从整个产业的角度考虑问题。识别产业生命周期所处阶段的主要指标有：市场增长率、需求增长率、产品品种、竞争者数量、进入

---

① 苏东水. 产业经济学 [M]. 北京：高等教育出版社，2002：474.

壁垒及退出壁垒、技术变革、用户购买行为等。1. 幼稚期：这一时期的市场增长率较高，需求增长较快，技术变动较大，产业中的用户主要致力于发展新用户、占领市场，但此时技术上有很大的不确定性，在产品、市场、服务等策略上有很大的余地，对产业特点、产业竞争状况、用户特点等方面的信息掌握不多，企业进入壁垒较低。2. 成长期：这一时期的市场增长率很高，需求高速增长，技术渐趋定型，产业特点、产业竞争状况及用户特点已比较明朗，企业进入壁垒提高，产品品种及竞争者数量增多。3. 成熟期：这一时期的市场增长率不高，需求增长率不高，技术上已经成熟，产业特点、产业竞争状况及用户特点非常清楚和稳定，买方市场形成，行业盈利能力下降，新产品和产品的新用途开发更为困难，行业进入壁垒很高。4. 衰退期：这一时期的市场增长率下降，需求下降，产品品种及竞争者数目减少。从衰退的原因来看，可能有四种类型的衰退，它们分别是：（1）资源型衰退，即由于生产所依赖的资源的枯竭所导致的衰退；（2）效率型衰退，即由于效率低下的比较劣势而引起的行业衰退；（3）收入低弹性衰退，即因需求—收入弹性较低而衰退的行业；（4）聚集过度性衰退，即因经济过度聚集的弊端所引起的行业衰退。[①] 根据产业生命周期理论，我国版权产业目前属于成长期。

2.1.2 产业结构

产业结构即指在社会再生产过程中，一个国家或地区的产业组成即资源在产业间配置状态，产业发展水平即各产业所占比重，以及产业间的技术经济联系即产业间相互依存相互作用的方式。产业结构理论的思想来源可以追溯到17世纪。威廉·配第在17世纪第一次发现了世界各

[①] 朱战备. 产品生命周期管理：PLM 的理论与实务 [M]. 北京：电子工业出版社，2004：32.

国国民收入水平的差异和经济发展的不同阶段的关键原因是产业结构的不同：工业比农业收入多，商业比工业收入多，即工业比农业、商业比工业附加值高；20世纪30年代，新西兰经济学家费夏以统计数字为依据，再次提起配第的论断，并首次提出了关于三次产业的划分方法，产业结构理论开始初具雏形；C.克拉克在1940年出版的《经济发展条件》一书中，重新发现并第一次研究了产业结构的演进趋势，得出了产业结构演进的规律性结论：随着全社会人均国民收入水平的提高，就业人口首先由第一产业转移；当人均国民收入水平有了进一步提高时，就业人口便大量向第三产业转移；日本学者筱原三代平于1955年提出了"动态比较费用论"。其核心思想强调：后起国的幼稚产业经过扶持，其产品的比较成本是可以转化的，原来处于劣势的产品有可能转化为优势产品，即形成动态比较优势。日本根据这一理论，在汽车产业和动漫产业方面获得了巨大成功。

关于产业结构具有代表性的理论以下两个。（1）赫尔曼的不平衡增长理论：由于发展中国家资源的稀缺性，全面投资和发展一切部门几乎是不可能的，只能把有限的资源有选择地投入到某些行业，以使有限资源最大限度地促进经济增长，此即不平衡增长。赫希曼认为，在发展中国家，有限的资本在社会资本和直接生产之间的分配具有替代性，因而有两种不平衡增长的途径，一是"短缺的发展"，即先对直接生产资本投资，引起社会资本短缺，而社会资本短缺引起直接生产成本的提高，这便迫使投资向社会资本转移以取得二者的平衡，然后再通过对直接生产成本的投资引发新一轮不平衡增长过程；二是"过剩的发展"，即使对社会资本投资，使二者达到平衡后再重复此过程。不平衡增长理论基本上符合我国的实际情况，因为我国40多年的经济发展走的就是一条"不平衡增长"的途径。至于选择哪一条不平衡增长途径，则应视经济发展的瓶颈制约而定。该理论对我们大力发展出版产业，推动中国出版物版权输出具有非常重要的指导作用。（2）罗斯托的主导部门理论：罗斯托根据技术标准把经济成长划分为传统社会、为起飞创造前提、起飞、成熟、高额群众消费、追求生活质量六个阶段，而每个阶段的演进是以主导产业部门的更替为特征的。他认为经济成长的各个阶段都存在相应的起主导作用的产业部门，主导部门通过回顾、前瞻、旁侧三重影响带动其他部门发展。与六个经济成长阶段相对应，罗斯托在《战后二十五年的经济史和国际经济组织的任务》一文中，列出了五种主导部门综合体系：（1）作为起飞前提的主导部门综合体系，主要是食品、饮料、烟草、水泥、砖瓦等工业部门；（2）替代进口货的消费品制造业综合体系，主要是非耐用消费品的生产；（3）重型工业和制造业综合体系，如钢铁、煤炭、电力、通用机械、肥料等工业部门；（4）汽车工业综合体系；（5）生活质量部门综合体系，主要指服务业、城市和城郊建筑等部门。罗斯托认为主导部门序列不可任意改变，任何国家都要经历由低级向高级的发展过程。罗斯托提出的主导部门通过投入产出关系而带动经济增长的看法，以及主导部门并非固定不变的看法、对中国发展出版产业有重要的借鉴意义。

2.1.3 产业发展战略

产业发展战略就是研究产业发展中带全局性的规律性的东西，或者说，产业发展战略是指从产业发展的全局出发，分析构成产业发展全局的各个局部、因素之间的关系，找出影响并决定经济全局发展的局部或因素，而相应做出的筹划和决策。产业发展战略主要有两个。（1）平衡发展战略与非平衡发展战略：平衡发展战略是指通过国民经济各部门的相互支持、相互配合、全面发展来实现工业化或现代化的一种战略。非平衡发展战略是指发展中国家应将有限的资源有选择地集中配置在某些产业部门和地区，首先使这些部门和地区得到发展，然后通过投资的诱导机制和产业间、地区间的联系效应与驱动效应，带动其他产业部门和地区发展，从而实现整个经济的发展。（2）进口替代与出口促进产业发展战略：进口替代战略是一种内向工业化战略。这种战略的实质，是以本国生产的工业制成品来满足国内需求，取代进口货，并通过进口替代工业的发展来逐步实现工业化。出口促进战略是典型的外向型工业化战略，也有人称为出口导向型战略。它的特点是，发展面向出口的工业，并将其产品投放国际市场，用工业制成品的出口来代替农矿初级产品的出口，以推动工业化进程。有些国家在积极扩充国内市场需求的基础上，不断强化进口替代的广度和深度，并逐步实行对外开放和鼓励出口制成品的政策，实行进口替代与出口替代相结合的发展战略。[①] 在我国出版产业发展过程中，需要考虑非平衡发展战略，优先发展出版产业中的某些行业，从而带动其他行业的发展；同时我们应该实行进口替代和出口替代相结合的战略，充分利用国内外两个市场，来发展出版产业，加大版权贸易力度，促进中国出版物版权输出。

产业发展理论指出了产品的生命周期、产业结构和产业发展战略。我国目前面临产品更新换代、产业结构调整，走节约型的发展道路，产业发展战略也从引进为主，到引进和输出并重再到成为文化输出大国的转变，产业发展理论为这种转变提供了理论基础。

2.2　产业竞争力理论

作为一种产业存在的版权产业在日益全球化和分工国际化的今天，必然要参与国际间的竞争，在竞争中寻找合作的契机。通过产业竞争力理论的探讨，奠定中国出版物版权输出，参与国际竞争的理论基础。

---

① 祁述裕. 中国文化产业发展战略研究［M］. 北京：中国社会科学文献出版社，2008：23

2.2.1 产业竞争力理论演变

产业竞争力，亦称产业国际竞争力，指某国或某一地区的某个特定产业相对于他国或地区同一产业在生产效率、满足市场需求、持续获利等方面所体现的竞争能力。从亚当·斯密（Adam Smith）1776年出版《国富论》，提出绝对竞争优势理论的200多年以来，不同专家、学者对竞争力理论进行了广泛、系统的研究，这些研究成果可以从大卫·李嘉图（David Ricardo）和迈克尔·波特（Michael Porter）等人的论述中找到依据。

1. 绝对优势理论

绝对优势理论（Theory of Absolute Advantage），又称绝对成本说、地域分工说，由英国古典经济学家亚当·斯密创立。斯密认为每一个国家都有其适宜于生产的某些特定的产品的绝对有利的生产条件，去进行专业化生产，然后彼此进行交换，则对所有交换国家都有利。分工可以提高劳动生产率，增加国民财富；分工的原则是成本的绝对优势或绝对利益。斯密进而分析到，分工既然可以极大地提高劳动生产率，那么每个人专门从事他最有优势的产品的生产，然后彼此交换，则对每个人都是有利的；国际分工是各种形式分工中的最高阶段，在国际分工基础上开展国际贸易，对各国都会产生良好效果；国际分工的基础是有利的自然禀赋或后天的有利条件。[①]

斯密的绝对优势理论解释了分工对于提高劳动生产率的意义，并指出通过国际贸易使各国都能得利。但斯密的绝对优势理论不能解释如果一个国家在各方面都处于绝对的优势，而另一个国家在各方面则都处于劣势时进行贸易的问题，而比较优势理论的提出则比较好地解决了这方面的问题。

---

① 利育良，蒲华林. 国际贸易概论［M］. 北京：清华大学出版社，2006：21.

2. 比较优势理论

大卫·李嘉图在其代表作《政治经济学及赋税原理》中提出了比较优势理论（Theory of Comparative Advantage）。即国际贸易产生的基础并不限于生产技术的绝对差别，只要各国之间存在着生产技术上的相对差别，就会出现生产成本和产品价格的相对差别，从而使各国在不同的产品上具有比较优势，使国际分工和国际贸易成为可能，进而获得比较利益。李嘉图认为，一国在两种商品生产上较之另一国均处于绝对劣势，但只要处于劣势的国家在两种商品生产上劣势的程度不同，处于优势的国家在两种商品生产上优势的程度不同，则处于劣势的国家在劣势较轻的商品生产方面具有比较优势，处于优势的国家则在优势较大的商品生产方面具有比较优势。两个国家分工专业化生产和出口其具有比较优势的商品，进口其处于比较劣势的商品，则两国都能从贸易中得到利益。[①]

比较优势理论的缺陷在于一是仍将劳动视为唯一的生产要素，把劳动生产率的高低看作比较优势的唯一基础；二是虽解释了劳动生产率的差异如何引起国际贸易，却没有进一步解释造成各国劳动生产率差异的原因；三是认定各国将以比较优势原则进行完全的专业化生产的见解，与现实不符。

3. 要素禀赋理论

要素禀赋理论（Theory of Factor Endowments）由瑞典经济学家埃利·赫克歇尔（Heckscher）和他的学生伯尔蒂尔·俄林（Beltil G. Ohlin）所提出，简称为 H-O 理论。这一理论认为，在各国生产同一产品的技术水平相同的情况下，两国生产同一产品的价格差来自产品的成本差别，这种成本差别来自生产过程中所使用的生产要素的价格差别，这种生产要素的价格差别则取决于该国各种生产要素的相对丰裕程

---

① 郝国胜，杨哲英. 新编国际经济学 [M]. 北京：清华大学出版社，2003：8.

度。由于各种产品生产所要求的两种生产要素的比例不同，一国在生产密集使用本国比较丰裕的生产要素的产品时，成本就较低，而生产密集使用别国比较丰裕的生产要素的产品时，成本就比较高，从而形成各国生产和交换产品的价格优势。进而形成国际贸易和国际分工。此时本国专门生产自己有成本优势的产品，而换得外国有成本优势的产品。① 要素禀赋理论克服了斯密和李嘉图贸易模型中的局限性，认为资本、土地以及其他生产要素与劳动力一起都在生产中起重要作用并影响劳动生产率和生产成本；不同的商品生产需要不同的生产要素配置，而各国生产要素的储备比例和资源禀赋不同，正是这种生产资源配置或要素禀赋上的差别才是国际贸易的基础。

这种理论的缺陷在于过分强调了外在要素在产业竞争中的作用，如果片面强调资源禀赋对产业选择的决定作用，一国就有可能陷入"比较优势陷阱"，使弱国处于国际分工体系中的不利位置，不利于一个国家或地区的长期发展。

4. 规模经济理论

随着 20 世纪 60 年代以来全球经济和国际贸易的迅速发展，外生性比较优势理论的缺陷日益显现，西方学者们开始注重从内部分析其产业竞争力。最有代表性的就是把规模经济理论（Economics of scale Theory）引入产业竞争中来分析其比较优势。

规模经济理论起始于亚当·斯密，随着 19 世纪工业化的进展而得到发展，其揭示的是大规模的经济扩张。其典型代表人物有阿尔弗雷德·马歇尔（Alfred Marshall1），张伯伦（E. H. Chamberin），罗宾逊（Joan Robinson）和贝恩（J. S. Bain）等。规模经济理论是指在一特定时期内，企业产品绝对量增加时，其单位成本下降，即扩大经营规模可以降低平均成本，从而提高利润水平。关于规模经济，马克思在《资

---

① 卓骏．国际贸易理论与实务［M］．北京：机械工业出版社，2006：23.

本论》第一卷中，详细分析了社会劳动生产力的发展必须以大规模的生产与协作为前提的主张：大规模生产是提高劳动生产率的有效途径，是近代工业发展的必由之路，在此基础上，"才能组织劳动的分工和结合，才能使生产资料由于大规模积聚而得到节约，才能产生那些按其物质属性来说适于共同使用的劳动资料，如机器体系等，才能使巨大的自然力为生产服务，才能使生产过程变为科学在工艺上的应用"。马克思还指出，生产规模的扩大，主要是为了实现以下目的：（1）产、供、销的联合与资本的扩张；（2）降低生产成本[①]。马歇尔在《经济学原理》中除提出规模经济外，还论述了规模经济形成的两种途径，即依赖于个别企业对资源的充分有效利用、组织和经营效率的提高而形成的"内部规模经济"和依赖于多个企业之间因合理的分工与联合、合理的地区布局等所形成的"外部规模经济"，并提出了规模经济与市场垄断之间的矛盾问题，即著名的"马歇尔冲突"（Marshall's dilemma）。

20世纪80年代，克鲁格曼（Krugman）和赫尔普曼（Helpman）用规模经济来分析比较优势，他们认为，在新的国际分工与贸易模式中，比较优势不仅来源于要素禀赋相对差异，而且在现代化科技进步和创新加速条件下，规模经济优势更成为决定国际贸易活动和贸易格局的重要因素；90年代，梯伯特进一步总结并集中论述了递增性内部规模收益（increasing internal returns to scale）作为比较优势的源泉。规模经济的论述对发展中国家来说意味着其必须打破所谓的要素禀赋束缚，从产业内在要素入手，按照既定发展战略，通过规模经济，培养比较优势，在市场竞争中使该产业处于主导地位，从而参与国际分工。

5. 竞争优势理论

20世纪90年代初，迈克尔·波特在比较优势理论和规模经济理论

[①] 刘光大. 规模经济理论与应用研究：规模经济与经济规模分析 [M]. 北京：化学工业出版社，1992：14.

的基础上提出了竞争优势理论。它是指各国或各地区相同产业在同一国际竞争环境下所表现出来的不同的市场竞争能力。而一国的特定产业是否具有竞争优势取决于国内四个关键因素：生产要素，需求条件，相关产业和支持性产业的表现，企业的战略、结构和竞争对手。此外，政府的作用以及机遇因素也具有相当的影响力。①

根据竞争优势理论，比较优势是产业竞争力隐性的决定因素，而竞争优势则是产业竞争力显性的决定因素。产业竞争力由比较优势和竞争优势组成。比较优势强调同一国家不同产业间的比较关系，而竞争优势强调不同国家同一产业间的比较关系。一国一旦发生对外经济关系，比较优势与竞争优势会同时发生作用；一国具有比较优势的产业往往易于形成较强的国际竞争优势；一国产业的比较优势要通过竞争优势才能体现。因此，比较优势是产业竞争力的基础性决定因素，而竞争优势是直接作用因素。比较优势是产业国际分工的基础，也是竞争优势形成的基础，但比较优势原理却不能直接用来解释产业竞争力水平的高低，而竞争优势原理作为一种研究思路和分析方法可直接用于解释产业竞争力的形成机理。国家竞争理论为出版产业的发展、出版物的版权输出如何获得比较优势和竞争优势提供了理论的阐释。

2.2.2　产业竞争力形成机制

1. 产业竞争力成因理论

"钻石模型"（Diamond Model）理论，又称菱形理论，国家竞争优势理论。波特对多个国家、多个产业的竞争力进行深入研究后认为，产业竞争力是由生产要素，国内市场需求，相关与支持性产业，企业战略、企业结构和同业竞争等四个主要因素，以及政府行为、机遇等两个辅助因素共同作用而形成的。其中，前四个因素是产业竞争力的主要影

---

① 迈克尔·波特. 国家竞争优势 [M]. 北京：华夏出版社，2002：68.

响因素，构成"钻石模型"的主体框架。四个因素之间彼此相互影响，形成一个整体，共同决定产业竞争力水平的高低。"钻石模型"构筑了全新的竞争力研究体系，提出的竞争优势理论包含了比较优势原理，并大大超出了后者的解释范围。

竞争力过程理论。国外学者将国际竞争力的形成机理描述为：国际竞争力是竞争力资产与竞争力过程的统一。用公式表示就是：国际竞争力＝竞争力资产×竞争力过程。所谓资产是指固有的（如自然资源）或创造的（如基础设施）；所谓过程是指将资产转化为经济结果（如通过制造），然后通过国际化（在国际市场衡量的结果）产生国际竞争力。中国学者将这一竞争力理论加以改造，提出相应的产业竞争力分析模型，即产业竞争力＝竞争力资产×竞争力环境×竞争力过程。

指标体系理论。中国学者在以定量分析为主要研究工具完成中国工业国际竞争力研究的基础上，用定量分析中使用的具有数量表征特性的竞争力指标体系来解释产业竞争力的形成机理。竞争力指标有两类：一类是分析性指标，这类指标是反映竞争力形成原因的指标；另一类是显示性指标，是反映竞争力结果的指标。"间接因素指标→直接因素指标→显示性指标"的逻辑顺序勾画出产业竞争力的形成机理：竞争潜力→竞争实力→竞争力的实现。

2. 产业竞争力计量分析理论

产业竞争力成因理论属于产业竞争力理论的定性分析部分，将现代计量经济学分析方法引入产业竞争力理论研究，就可以形成产业竞争力的计量分析理论。产业竞争力计量分析的一般思路是：首先，合理选择评价指标，并对各指标科学分配权重，构建求和模型；然后，按各指标采集数据，经标准化处理后套入求和公式，即得竞争力量化评估水平。产业竞争力计量分析须解决两个关键问题：一个是评价指标的选取和指标体系的建立；另一个是对各指标科学地赋予权重。其中，在指标赋权方面，可以直接借用统计学中的赋权理论，既可以采用传统赋权方法，也可以采用主成分分析法等现代数学计量方法。中国有学者将产业竞争力评价指标分为两类：一类是显示性指标，主要反映市场占有率和利润率；另一类是分析性指标，又进一步分为直接原因指标和间接原因指标，直接原因指标主要反映生产率和企业营销管理效率等，间接原因指标大体相当于波特的"国家竞争优势四要素"。在指标赋权问题上，他们既采用传统经验法则，也采用现代统计学中的主成分分析法。

3. 产业竞争力发展阶段理论

从产业发展的角度来讲，产业竞争力成因理论和产业竞争力计量分析理论都是静态的产业竞争力理论，截取产业发展的某个横断面作为研究对象；动态的产业竞争力理论应以产业发展为研究对象，研究产业发展各阶段的竞争力特性。研究产业发展的传统理论是产业生命周期理论。生命周期理论将产业发展分为形成期、成长期、成熟期和衰退期四个阶段。不同的发展阶段具有不同的特征。结合产业生命周期理论，波特总结出产业竞争力发展的"四阶段理论"，即要素驱动阶段、投资驱动阶段、创新驱动阶段和财富驱动阶段。四个阶段是依次递进的，也可能发生折返。

产业竞争力内涵涉及两个基本方面的问题：一个是比较的内容，一个是比较的范围。具体来说，产业竞争力比较的内容就是产业竞争优势，而产业竞争优势最终体现于产品、企业及产业的市场实现能力。因此，产业竞争力的实质是产业的比较生产力。产业竞争力比较的范围是国家或地区，产业竞争力是一个区域的概念。因此，产业竞争力范围分析应突出影响区域经济发展的各种因素，包括产业集聚、产业转移、区位优势等。

（1）产业集聚

产业集聚是指同一产业在某个特定地理区域内高度集中，产业资本要素在空间范围内不断汇聚的一个过程。产业集聚有两种形成模式。①市场创造模式：区域范围内首先出现专业化市场，为产业集聚的形成创造了重要的市场交易条件和信息条件,最后使产业的生产过程也聚集在市场的附近;②资本转移模式:一般是发生在有产业转移的背景下,当一个规模较大的企业出于接近市场或节约经营成本的考虑,在生产区位上做出重新选择,并投资于一个新的地区的时候,有可能引发同类企业和相关企业朝这个地区汇聚。这样一种产业集聚的形成,主要是通过一定数量的资本从外部的迁入。产业集聚形成类型包括:①指向性集聚。这是为充分利用地区的某种优势而形成的产业(企业)群体。通常是在拥有大量廉价劳动力的地区、原材料集中地、市场集中区或交通枢纽节点。这些区位优势因素作为某种重要指向,吸引形成了产业(企业)集聚体。②经济联系集聚。这种集聚的目的在于加强地区内企业之间的经济联系,为企业发展创造更有利的外部条件。它又分为两种类型:一种是纵向经济联系而形成的集聚。纵向经济联系是指一个企业的投入是另一个企业的产出,这是种投入产出关联关系;另一种是横向经济联系形成的产业集聚。横向经济联系是指那些围绕着地区主导产业与部门形成的产业集群体之间的关系。产业集聚理论对于我国发展数字出版产业基地(园区)具有理论和现实的指导意义①,具体后面章节有具体论述。

(2)产业转移

产业转移是指产业由某些国家或地区转移到另一些国家或地区,是一种产业在空间上移动的现象。按照产业转移涉及的地域范围不同,可以分为国际产业转移、区际产业转移和城乡产业转移两种类型。②

贝毅、曲连刚就知识日益成为跨国公司的无形资本,认为大多数跨国公司把核心技术看作是公司重要的资产,在进行直接投资和技术转让

---

① 孙洛平. 产业集聚的交易费用理论 [M]. 北京:中国社会科学出版社,2006:19.
② 魏后凯. 产业转移的发展趋势及其对竞争力的影响 [J]. 福建论坛(社会经济版),2003 (4):11 – 15.

时，总是把与知识相关的核心技术部分留在本国，而把硬件和非核心技术转移到世界其他地方进行生产，形成了"大脑—手脚"的梯度转移模式。① 谭介辉认为顺梯度型产业转移模式，由于产业转移过程中的发达国家与发展中国家固有级差的存在，落入"替代—落后—再替代—再落后"或"引进—落后—再引进—再落后"的陷阱之中，发展中国家永远处于落后状态。② 像中国这样的发展中国家来说要推动版权输出，就需要突破传统的产业转移理论的局限，利用后发优势，打破产业转移中作为发达国家相对落后技术被动接受者的状态，立足于本国实际，采取适当的方式发展以"逆梯度"型为主的对外直接投资，主动获取高新技术，促使版权产业的发展。

（3）区位优势

区位优势即区位的综合资源优势，即某一地区在发展经济方面客观存在的有利条件或优越地位。其构成因素主要包括：自然资源、地理位置，以及社会、经济、科技、管理、政治、文化、教育、旅游等方面，区位优势是一个综合性概念，单项优势往往难以形成区位优势。一个地区的区位优势主要就是由自然资源、劳力、工业聚集、地理位置、交通等决定。同时区位优势也是一个发展的概念，随着有关条件的变化而变化。区位优势可分为直接区位优势和间接区位优势。直接区位优势是指东道国的某些有利因素所形成的区位优势，如广阔的产品销售市场、低廉的要素成本、政府的各种优惠投资政策等；间接区位优势是指由于投资国和东道国某些不利因素所形成的区位优势，如商品出口运输费用过高、难以逾越的贸易壁垒等。③

美国经济学家保罗·罗默（Paul M. Romer）的新经济增长理论回

---

① 贝毅，曲连刚. 知识经济与全球经济一体化——兼论知识经济条件下国际产业转移的新特点 [J]. 世界经济与政治，1998（8）：28-30.
② 谭介辉. 从被动接受到主动获取 [J]. 世界经济研究，1998（6）：65-68.
③ 綦建红. 国际投资学教程 [M]. 北京：清华大学出版社，2005：46.

答了缺乏自然资源的国家为何不一定是穷国，领先国家最有效的是持续发展问题。在知识经济时代，人的因素占主导地位。人的流动性，尤其是掌握知识、技能的人才的流动性是很大的，因此，培育并吸引高科技人员就成为发展经济、提高区位优势的关键。区位优势充分说明了促进版权输出进程中创新性人才的重要性。

产业竞争力理论有助于全面考量中国出版物版权输出的相对竞争优势，从而获得相对比较利益。

2.3　政策工具理论

政府的产业政策是为了公共的利益而以公共的名义而进行的活动，其政策目标的实现不仅取决于政府是否应该去做，更要看其所运用什么样的方法和手段去治理。没有适当的政策工具，公共目标就很难实现，公共利益也就无从谈起了。为此，人们从工具论的角度对公共政策做了大量经验性、实证性的研究。

2.3.1　政策工具研究演变

政策工具的研究是伴随着西方政策科学的兴起而开始的。古典政治思想的中心问题是维护公共秩序、加强法治和提高税收。说到政策工具的研究，则要追溯到16世纪30年代。根据当时的文献研究，表明政策制定的科学有效性是极为重要的，是当时欧洲"警察科学"研究的焦点。例如，苏格兰启蒙运动和本瑟姆工程中的政府、刑法和社会福利研究，尼古拉斯德拉梅尔关于德香格里拉警方街灯、公众看法、监视、记录和信息发表等犯罪预防的论述等均体现了政策制定的科学有效性的重要性。这样提出了一些新的政策工具，如 Bentham 所谓的多用性原则在行政管理具体运作中的创新应用。

当前政府政策工具研究主要有两个趋势。其一是分析特定领域的公共政策。如 Erwin Acketknecht's（1948）关于 19 世纪传染病治理论述中，欧洲的当权者倾向于使用极端的灭绝的工具，而更多的民主人士则主张使用保健性的工具。另一个就是开发政策工具应用在政府相关的所有领域。如经济学家将政策工具作为一个专门术语应用在价格机制和控制系统等的区别分析中。Robert Dahl 和 Charles Lindblom（1953）曾提出一个政治经济工具研究路径来研究一个现代国家使用的政策，并把其研究重点放在经济领域，取得了一定成果。这一时期的政策工具研究者们不断尝试，试图发现一种精确、全面更具一般性的分类方法，使得不同类的政策工具能够在时间、空间和政策领域内都具有可比性。这种方法可能给研究者们提供了一个更为广阔的研究空间，如比较著名的研究者为 Lowi（1972）、Salisbury（1968）和 Wilson（1980）。这一时期比较著名的研究有安德森的《公共决策》，胡德的《政府的工具》，史蒂文·科恩时的《创新者工具：管理公共部门组织的创造性战略》，罗纳德·J. 威尔德的《政策工具的动态学》，巴格休斯的《政策工具的适当性与适应性之间的平衡》等。这类研究是为了更好地进行政策执行分析，70 年代此领域的研究还比较活跃，但随即冷却下来，可能是因为转向了其他路经，比如 80 年代和 90 年代的公共管理分析。

20 世纪 90 年代，受公共选择学派的影响，学者们开始尝试运用经济学的理论假定、概念框架和分析方法来研究政策工具的选择，并形成了一种研究政策工具选择的新途径——公共选择途径。这一时期具代表性的文献有卡安的《政策工具选择的公共选择途径》，简·莱恩的《新公共管理》。

20 世纪 90 年代以后，学者开始政治与经济的整合研究，运用综合模型或从政策网络的角度研究政策工具的选择。主张政府可以运用多元工具实现政策目标，这一时期具代表性的文献有萨拉蒙的《政策工具

——新治理指南》，布耶塞尔的《政策网络中的政策工具选择》，特恩的《政策工具的背景途径》，陈振明教授的《公共政策学》和张成福教授的《公共管理学》等。

2.3.2 政策工具内涵

自 1983 年英国学者胡德的《政策工具》首次给出了政策工具定义以来，国内外学者相继进行了大量的研究。他们从不同的研究角度提出了不同的定义。

胡德从政策工具的本质属性考虑，认为"工具"概念可以通过将其区分为"客体"和"活动"而得到更明晰的理解[①]。工具可以被当作是"客体"，在法律文献中，人们把法律和行政法规说成是工具，它指的是形成法律和法规的一整套命令和规则。还有学者倾向于从集合活动的角度对政策工具进行界定，如林格林就把工具概念描述成为"致力于影响和支配社会进步的具有共同特性的政策活动的集合"。美国的盖伊·彼得斯冯尼斯潘也认为"政策工具是政策活动的一种集合，它表明了一些类似的特征，关注的是对社会过程的影响和治理"[②]。就其本质属性来说，有的学者还认为政策工具是一种系统、机制。欧文·E.休斯在《公共管理导论》一书中将政策工具定义为"政府的行为方式，以及通过某种途径用以调节政府行为的机制"[③]。莱斯特·M.萨拉蒙等人主编的《政府工具——新治理指南》也强调了这种"集体行动"，每一种工具规定的行动各要素的关系并不是随意或临时的，而是

---

① C. Hood. The tools of Government [M]. London: Macmillan, 1983.
② 盖伊·彼得斯，冯·尼斯潘. 公共政策工具：对公共管理工具的评价 [M]. 北京：中国人民大学出版社，2007.
③ 欧文·E. 休斯. 公共管理导论 [M]. 北京：中国人民大学出版社，2001.

一种制度化的行动模式①。政策工具的系统性正是新制度学派所主张的将工具强调为"制度"、个人或组织间有固定的相互作用方式。

从工具本身的含义来说,政策工具的最终目的是实现政策目标,因此目前的政策工具定义大都强调其目标性,这也是目前得到普遍认可的特性。萨拉蒙认为"通过这种方法集体行动得以组织,公共问题得以解决"。我国学者张成福的定义为:"政策工具又称为治理工具,它是指政府将其实质目标转化为具体的行动路径和机制,政策工具乃是政府治理的核心,没有政策工具,便无法实现政府的目标。"② 自1983年英国学者在其著作《政府工具》最早系统性研究政策工具以来,还没有研究者就具体政策和政策工具的区别进行过直接的论述。随着工具主义在政策科学研究中的不断深入,政策工具的内涵、特性、分类和选择以及其他方面研究都取得了很多成果。但是在这些研究中,研究者们在阐述时往往都没有严格地区分具体政策和政策工具,甚至很多学者是把二者等同。

综上所述,可以得知政策工具就是政府为解决公共管理问题,实现公共政策目标,使用的所有手段和方法的总和。

2.3.3 政策工具的类型

荷兰的科臣是最早对政策工具加以归类的经济学家,他主要研究了一系列的关于经济政策的执行情况,从中进行分析优化,看是否可以获得具有最优化结果的工具。科臣整理出64种一般性的政策工具,但对这些工具并未进行系统化的分类,也未对这些工具的起源和影响加以理

---

① 卢霞. 政府工具研究的新进展——对萨拉蒙《政府工具——新治理指南》的评介[J]. 福建经济管理干部学院学报, 2005 (2): 18-23
② 张成福, 党秀云. 公共管理学 [M]. 北京: 中国人民大学出版社, 2001.

论化的探讨①。在随后的几十年里，各国学者对政策工具的分类进行了广泛的研究。

有的学者从工具的特性进行划分。工具是实现目标的手段，不少研究者首先考虑了工具的目的性。如著名政策分析家狄龙从工具影响行动者行为的角度将政策工具划分为法律工具、经济工具和交流工具三类，每组工具都有很多变种。

有的学者从政策使用的资源来划分。如萨尔蒙从是否适用财力开发了开支性工具和非开支性工具两种类型。胡德提出了一种系统化的分类框架。他认为，所有政策工具都使用下列四种广泛的"政府资源"之一，即政府通过使用其所拥有的信息、权威、财力和可利用的正式组织来处理公共问题。萨拉蒙在其主编的《政府工具——新治理指南》一书中也指出，每种工具的特征都包含着如下的基本要素：一是提供公共物品的具体类型，如产品、服务、现金、保护等。二是公共物品的交付方式，如贷款、税收等。三是公共物品的交付系统，如政府部门、非营利组织、地方政府。四是提供公共物品的一系列规则。区分政策工具的强制化程度也是政策工具分类的有力依据。早期的研究，如美国政治学家罗威、达尔和林德布洛姆等人做过类似的研究，他们将这些工具归入一个宽泛的分类框架中，将工具分为规制性工具和非规制性工具两类。加拿大公共政策学者霍莱特和拉梅什在《公共政策研究》一书中将政策工具分为自愿性工具（非强制性工具）、强制性工具和混合性工具三类②。这种分类框架与同时期分类方法相比更具解释力、更合理。但是这种分类太过于抽象，无法发挥出工具分类在政策工具研究上的作用。随着政策学科理论研究的不断深入，这种局限性越来越明显。

---

① 陈振明. 公共政策学——政策分析的理论、方法和技术［M］. 北京：中国人民大学出版社，2004.

② Michael Howlett, M. Ramesh and Anthony Perl. Studying public policy: policy circles and policy subsystem［M］. Oxford：Oxford University Press，2009.

麦克唐纳尔和艾莫尔将政策工具分为四类，即命令性工具、激励性工具、能力建设工具和系统变化工具。利特和拉米什依据政府介入公共物品与服务提供的程度，把政策工具分为三类：自愿型、混合型和强制型工具①。自愿型工具依赖目标群体自觉自愿行为，政府极少进行干预，例如市场工具、家庭与社区工具、自愿性组织工具等。强制型工具包括管制、公共企业和直接提供等，特点是政府通过权威和强制力，控制和指导目标群体的行动。混合型工具包括信息与规劝、补贴、税收和使用者付费等。政府对目标群体有不同程度的干预，但仍由私人做出最终决策。这里，考虑了以上分类法各自的优缺点，将政策工具分为以下三种。

1. 控制型工具

命令控制性工具体现了政府强制力，使得社会行为者的行为规范化，如法律法规、规章、条例等。这类工具在短时期内能收到很强的效力，尤其适用于危机管理，但是此类工具的应用对环境的要求也非常高。首先，命令控制型工具的使用通常需要组织监控和执行，但是政府常常会无力承担监控和实施的成本。其次，这类工具具有强制的特征，这可能会引发来自政策对象的阻力。最后，命令控制具有回应性的特征，政策主体的思维行为惯性使得规则的形成通常经历缓慢的过程，因而可能滞后于社会发展。

2. 激励型工具

经济激励型工具和命令控制型工具最大的区别就是前者的非强制性质，这也是这类工具在一些领域很容易被大家接受的缘故。补助或补贴、优惠购货券、贷款、税收、产权拍卖都属于这类工具，在经济领域对政策对象都具有激励作用。但是这种工具也有一定的局限性。首先，

---

① 迈克尔·豪利特，M. 拉米什. 公共政策研究：政策循环与政策子系统 [M]. 北京：生活·读书·新知三联书店，2006.

这种工具的使用可能会造成社会机制的转换。企业责任和社会道德在社会规范中占有很重要的位置，经济刺激可能会削弱责任和道德的规范的效果。其次，经济激励型工具具有较弱的强制性质，给目标行为者改变行为的选择空间，这种改变可能会偏离政策目标。再次，经济激励型工具要求政策制定者和政策实施者具备充分的相关专业知识，包括有关的理论知识和关于现实运行的精确数据和信息。

3. 自愿型工具

近年来，自愿型工具的重要性与日俱增，原因是基于国家强制的政策工具作用日益萎缩，这种工具迎合了现代社会成员之间的关系。目前应用最为广泛的三种自愿型工具为家庭与社区、志愿者和市场。家庭与社区的主要优点是政府只需调动基层组织进行引导，而不用进行大量的资金投入。志愿者服务的灵活性、迅速回应度以及体验选择的机会是政府组织所不能比拟的。有的学者认为，市场作为一种自愿型工具是有争议的。虽然消费者和生产商之间自主的相互作用经常带来双方很满意的结果，但是市场不能充分提供大部分公共政策旨在解决的公共物品[①]。

2.3.4 影响政策工具选择的因素

影响政策工具选择的因素有哪些？对于这一问题，学者们从不同视角对政策工具进行了研究，目前形成了工具主义、过程主义、权变主义和建构主义这几大研究路径。不同流派有自己单独的观点。例如，工具主义认为，选择政策工具时要注意其属性与特点；过程主义认为，工具的具体选择不仅要看工具属性与特点，还要根据具体的过程决定；权变主义认为，工具的选择由工具应用的背景与环境、执行者、目标团体以及其他利益相关组织和人员决定；建构主义则认为工具并不起决定性作

---

① 周英男. 工业企业节能政策工具选择研究 [D]. 大连：大连理工大学博士学位论文，2008.

用，政策效果还受到政策系统、政策网络、决策系统和执行过程的影响。

1. 物品性质与工具选择

有"世界民营大师"，之称的萨瓦斯援引经济学的理论成果，在界定物品与服务类别的基础上厘清了物品和服务性质与提供方式之间的对应关系。萨瓦斯根据物品排他性和消费特性两个维度将物品和服务分成四类个人物品（拥有排他和个人消费的特征）、可收费物品（排他和共同消费）、共有资源（非排他和个人消费）和集体物品（非排他和共同消费）。在此基础上，萨瓦斯整理了每一种物品和服务的提供方式每种物品可用不止一种方式提供，志愿服务、政府服务、政府间协议和合同安排四种方式，可被用于供应四种类型物品中的任何一种。自我服务的使用范围最小，它仅能供应个人物品。

2. 工具特征与生效条件

迈克尔·豪利特、M.拉米什（2006）进行了考察调研。他们通过对家庭和社区、自愿性组织、私人市场、规制、公共企业、直接提供、信息与劝诫、补贴、产权拍卖以及征税和收费等九类常见的政策工具的优缺点进行了较为系统的考察。萨瓦斯则通过比较研究的方式，对不同公共服务提供方式的优劣势做了细致的分析，这种优劣势也可以作为评判和选择政策工具的维度。

3. 工具选择的综合原则与标准

学者胡德就工具选择的原则给出了自己的观点，即工具选择的四项原则。（1）在政策工具选择的时候，只有在充分考虑到其他可替代方案时，才确定被选择方案；（2）政策工具的选择必须与当前的工作相匹配；（3）政策工具的选择必须符合一定的伦理规范；（4）政策工具选择的有效性并不是唯一追求目标，理想结果必须以最小代价来换取。林德和彼得斯认为政策工具的特征，如资源密集度、目标、政治风险和对国家行为的约束对于选择来说是非常重要的考量，国家政策风格、政治文化和社会分类的程度对政策工具的选择有决定性影响。政策工具的选择还受限于相关机构的组织文化及其与客户和其他机构的联系，问题所处环境、它的时机以及它包括的行动主体的范围也会影响工具的选择，决策者的专业背景、制度关系以及人的因素也会影响工具的选择。这些均是政策工具选择时候需要考量的因素。

迈克尔·豪利特和M. 拉米什在综合评价其他研究的基础上提出了政策工具选择的综合模型表，认为利用基于市场的工具以及管制或直接规定的工具需要有高水平的能力。当一个国家缺乏政策能力时，它倾向于使用激励工具或宣传工具，或者依靠现有的自调解工具、基于社群的工具或基于家庭的工具。与此同时，政策工具的选择还取决于政策子系统的复杂程度。如果政策工具子系统中涉及的是为数众多、相互矛盾的群体时，实行市场工具或者自调解工具的政策比较有利，相反则可以选择直接工具或者混合工具。

彼得斯通过整理政治相关文献并加以比较，筛选出政府政策工具选择的五项主要因素：观念、制度、利益、个人与国际环境，简称为"5I"框架。陈振明在梳理国外学者理论的基础上将影响政策工具选择的因素归纳为政策目标、工具的特性、工具应用的背景、以前的工具选择和意识形态五个方面。

与此相似的问题是，政策工具的选择标准是什么？对此问题，萨拉蒙认为，评价政策工具的标准可以归纳为五个方面，即有效性、效率、公平性、可管理性、合法性和政治可行性，从而构成了政策工具选择的多维评价标准。另外，萨拉蒙还提出了强制性程度、直接性程度、自治性程度和可见性程度四个分析维度。也有人在此基础上又增加了两个选择标准，即适应性和回应性。

政策工具选择标准理论为我们选择政策工具提供了很好的指导。但是正如菲利普·库珀在研究合同制治理时提到的在具体应用中，政策工具的各个选择标准之间很可能是相互冲突的。而在这些相互冲突的标准间进行权衡与选择虽然与当时所处的具体情形相关，但最主要的还是要由社会管理与公共服务的属性来确定。那么，如何将社会管理与公共服务属性、政策目标、政府责任、政策工具性质以及政策工具选择标准按照一定逻辑联系成一个完整的理论体系，是需要进一步研究的问题①。

4. 工具选择的影响因素

随着研究者对政策工具效果探讨的逐步深入，对政策工具选择的研究在范围上不断拓宽，研究对象也不断扩大。尽管政策工具的选择不是决定政策效果的唯一因素，但是在特定条件下，通过对政策工具选择规律的研究，对不同政策问题和政策对象提出适合的政策工具，以期达到特定的政策目标。政策工具选择应该是具有应用研究价值，选择过程中必然存在广泛的联系与制约。政策工具是政策执行的手段和方法。政策工具的选择受到政策相关者和政策执行环境的制约，比如政府曾经的经验、决策实施者的喜好、政策工具的特性、目标问题的性质、受众群体的反应等。具体而言有以下几条。

（1）政策工具自身特点

政策工具对政策相关者来说具有不同的性质，不同性质的政策工具具有不同的适应性。第一，政策工具都有自身的特点，没有好坏差别；第二，由于政策工具的影响力、效果和公平性等差异，每种政策工具适用不同的情景。比如，自愿型工具是以目标群体自愿为基础的，政府相对较少的干预。这一政策工具具有灵活性、创新性等优点。它在解决诸如创新发展、社会服务等问题时，具有明显优势。但是仅仅凭借自觉自愿，没有权威性和统一的标准，遇到保护社会财富公平分配、维护公共安全、保护环境、限制经济权力、打击市场不法行为等问题的时候，仅依靠目标群体自觉自愿很难有效地解决问题。因此还需借助强制型工

---

① 黄红华. 统筹城乡就业中的政策工具选择与优化［D］. 杭州：浙江大学博士学位论文，2009.

具，通过政府的权威直接干预，达到目标效果。

（2）政策目标

政策目标是决策者想要达到的政策效果。任何决策，首先必须有具体明确的目标，然后才能选择达到目标的手段与方法。即不同程度的政策目标，是限制还是鼓励目标群体的某种行为，决定着选择什么样的政策工具。政策目标具有多元性、不稳定性和预见性。首先，政策目标是由各种政策问题产生的，不同的政策问题的解决要求达到的政策目标不同；其次，政策目标会随着经济、政治、社会、自然环境的变化而变化，不断做出必要的改变和调整；第三，任何政策目标都是通过运用政策工具，目标的预见性就是指在未来解决政策问题；最后，在政策目标制定的过程中，社会环境和人们的价值观念也在不断变化，导致政策目标不断变化。

（3）环境因素

每一个政策都是根据当时的国际环境、经济政治环境、地理人文环境等的要求下制定出来的，政策工具的选择也是和具体时空内的经济社会相匹配的，也就是说每个社会发展时期，可以选择的政策工具是有限的、既定的，具有相对的稳定性。那么，在政策目标不变的前提下，我们可以根据目前所处的社会发展阶段，灵活选择、搭配运用政策工具，并且在前后政策工具之间保持连续性和继承性的基础上，进行适当创新。虽然如此，但社会发展是个循序渐进的过程，政策工具要随着社会发展而改变，其选择也应推陈出新。因此，在选择政策工具时既要在一定的法制环境里进行，又要结合时空地理因素，保持前后政策工具之间的联系和过渡，做到具体合理，保证政策工具符合实际，取得最佳适用效果，避免因为政策多变而引发社会动荡和信任危机。

（4）政策相关者

政策相关者包括执行者和目标群体在内的群体。政策执行者和目标群体对政策工具的选择具有十分重要的影响作用。

关于政策执行者方面：首先，政策执行者是集合自身、团体和国家三者利益于一体的利益多元体。他们难免会从自身所代表的利益群体角度对某个政策工具的选择或抵制进行判断。其次，政策执行者自身的政治素养、知识结构和创新应变等能力有个体差异，这也影响了他们对政策的理解、对政策工具偏好和对政策效果的预测和判定。

关于政策目标群体方面：首先，不同的目标群体，有不同的利益诉求、价值判断、群体组织和力量，对同一政策工具的选择有不同的认知力、影响力。政策执行者选择政策工具，通常根据不同的群体选择适合有效的工具。其次，由于政策施受双方在生活需求、价值观念等方面存在差异，在信息不完全对称的情况下，符合执行者利益的政策工具很难获得目标群体的满意。只有在公共利益的基础上，双方以平等的身份沟通、协商、妥协，才能找到既提高政府的回应性又提高了公众的满意度的政策工具，从而提高目标群体的认同感。

总之，政策执行的效果和政策目标实现的效果都取决于政策工具的选择是否适当，政策工具的优化选择决定了整个政策的成败。因此，只有在了解影响政策工具因素的基础上，我们才能通过控制和调节适当的尺度，来补偿实践中的不足和缺失，确保政策工具的连续性和稳定性。

2.3.5 国家数字出版基地所采取的政策工具

国家数字出版基地在全国范围内快速建立，主要原因是得到中央及地方政府相关优惠政策的有力支持。政府通过制定相关规划以及税收、财政、人才等多项优惠政策，加大对数字出版基地建设的引导和扶持，有效地整合了产业上下游资源，推动了数字出版基地的实质性发展。根据政策工具选择的类型，对国家数字出版基地所采取的政策工具分为三种类型。

1. 控制型工具

包括规制、直接提供和命令性和权威性工具。规制主要包括体系建设和调整、设定和调整标准、法规、许可证和执照、建立和调整规则、法令、检查检验、监督、考核等方式。直接提供主要是直接管理、公共财政支出、直接服务等方式。命令性和权威性工具主要有设置机构、政府机构改革、政府机构能力建设、政府间协定、指示指导、计划等方式。其中，以政府及国家数字出版基地管理机构为目标团体的政策工具主要为命令性和权威性政策工具。以国家数字出版基地企业为目标团体的强制型政策工具主要是规制，另外也有直接提供政策工具。

2. 激励型工具

包括信息与倡导、补贴和诱因型工具。信息与倡导主要是信息发布、信息公开、建设舆论工具、教育学习、舆论宣传、鼓励号召、呼吁、惩戒、示范等。补贴有直接补助、财政奖励、税收优惠、利率优惠、生产补贴、政府贷款等。诱因型工具是指社会声誉、程序简化、权力下放等方式。其中补贴工具在国家数字出版基地建设中运用较多。

3. 自愿型工具

包括自愿性组织和市场、市场自由化。自愿性组织政策工具主要是支持数字出版企业发起成立行业组织，加强行业自律，维护企业合法权益，探索建立数字出版企业间、行业间交流协作机制。市场、市场自由化政策工具主要是指数字出版行业向民间资本开放。

2.4　产业集聚理论

数字出版基地的建设是基于产业集群理论，使相关企业在一定区域内形成集聚，从而形成数字出版产业集聚，最终形成数字出版产业集群。国外学者对产业集群的理论主要集中在最开始的产业集群理论和形成机理的研究，到后来产业集群与经济增长、组织和技术创新、社会资本等方面的关系。

产业集群理论由美国哈弗商学院教授 Michael E. Porter（1998）最先提出，认为产业集群是在某特定领域内，相互联系且在地理位置上集中的若干企业和机构的集合。他认为集群对区域和国家提升自身的竞争优势有一定帮助，并探讨了区位选择、就地参与、集体协作等因素对提高集群竞争力的作用。产业集群形成机理的研究方面，Lynn Mytelka 和 Fulvia Farinelli（2000）对如何在传统产业中培育创新群，建立创新系统，从而使传统产业保持可持续的竞争优势进行分析。Suma S. Atheryr（2001）对剑桥高科技群的发展和变迁进行了实证研究，并解释了与美国硅谷所存在的差距。产业集群与经济增长方面，Philippe Martin 和 Gianmarco I. P. Ottaviano（2001）证明了区域经济活动的空间集聚可以降低创新成本，从而刺激了经济增长。Nicholas Craft 和 Anthony J. Venables（2001）从地理集聚角度出发，探讨了地理因素对促进经济规模增长的重要作用，并回顾了欧洲衰落及对亚洲未来复兴做出分析。Lura Paija（2001）从产业政策的角度对芬兰 ICT 产业集群进行了实证分析，认为 ICT 产业集群优化了芬兰的产业结构，构筑了芬兰的国家竞争优势。在实证研究方面，Dalum Holmen 和 Staffan Jacobsson（1999）从国家创新系统的角度，分析了北日德兰半岛和瑞典西部知识型产业集群的形成。Khalid Nadvi 和 Gerhard Halder（2002）运用集群和价值链作为分析方法，对巴基斯坦锡亚尔科特和德国图特林根外科器械集群进行了实证研究。Annalee Saxenian（1996）对美国硅谷和波士顿 128 号公路两个典型的高科技产业集群进行了对比研究。另外，联合国贸易和发展会议（UNCTAD）探讨了不同合作模式对企业能力和竞争的作用，联合国经济发展与合作组织（OECD）基于国家创新系统的研究，对美国、英国、瑞典、比利时等产业集群进行实证研究，提出了使产业集群更有竞争力的方法，包括设计产业优化升级战略，如何实现战略协作和差异化竞争。

2.4.1　产业集聚概念及影响因素研究

产业集聚已被视为一种整合企业间要素资源的有效形式，通过发挥规模经济的协同发展、技术与知识的外溢效应可以推动创新，增加大量人口就业机会，通过产品生产的专业化与产业价值链带动经济效率的提高，降低交易成本，共同提升地区、国家和国际层面竞争力的有效方式。Nadvi（1997）和 Meyer–Stamer（1998）提出，产业集聚为创新发展提供了难得的机遇，使企业生产者和产品消费者相互之间、知识经济与经济领域相互之间形成了密切的内部联系网络，这些联系网络都会产生学习和创新动力。迈克尔·波特（2002）认为产业集聚已成为提升企业竞争和促进区域经济的孵化器，地理集中性会把高级人才和其他关键要素吸引进来，共同构成一个激励企业投资和创新的竞争环境。Andersson（2004）认为，产业集聚是益于产生创新发展环境的有效方式之一。Sonobe & Otsuka（2006）认为，产业集聚业态的形成，使原材料与中间产品的供应者、产品生产者和经营者相互之间在零部件供应、最终产品投用和技术人员之间的交流更加简便快捷，与此同时，通过实用型有用人才的引进，增强企业创新能力。上世纪80年代中国经济地理学将产业集聚理论引入中国，通过对产业集中、创新集群等相关联概念的研究与分析，确定了产业集聚的内涵与外延，王缉慈（2010）提出产业集聚是指一些在地理空间上靠近且互相关联的企业和部门，通过相互联系与互动在地理区域中产生外部规模经济，从而减少企业投资成本，并在分工合作中相互学习，促进技术创新和产业升级。

可见，产业集聚已经成为当时区域经济发展的规律性过程，降低距离成本成为产业集聚产生的一个基本原因。而如今，随着社会信息化的普遍和科技的发达，地理这种物质性的区位显著因素作用越来越小，享受融资支持、技术支撑、中介服务、人力资源等人文因素越来越重要。张鸿雁（2007）就曾提出非物质性的"新人文区位"价值在产业集聚的发展过程中作用越来越大，包括政策、社会风尚、政府清廉、精英群体的社会意识、社会文明程度、人际关系、旅游文化、时尚、消费方式、生活质量和习惯、历史文化和风土人情等。王洁（2007）则认为区域创新网络是产业集聚成熟的基本组织要素，覆盖专业化生产企业、大学和科研院所、金融部门、中介组织等主要网络节点，网络中各个节点之间连接而成的关系链条（商品流、资金流、信息流、知识流、人流等），网络中流动转移的技术、劳动力、资本、知识和信息等生产要素以及其他网络创新资源。Owen - Smith（2004）着重指出网络体系结构以及网络主要节点的特征对知识流动强度的影响，特别关注网络的组织体系与制度特征。苗长虹（2006）认为跨国企业不仅推动了地方生产网络的建立，而且通过企业相互之间合作建立联系，使全球价值链环节中各地的产业集聚区互相衔接起来。Giblin（2011）认为在生物技术产业集聚中，大型企业的领导作用刺激了当地产业体系的形成，产生集聚影响，进而推动集聚的本地网络和全球网络链接。

新区域主义者认为本地网络是区域创新发展的重要动力，但对世界各国（地区）产业集聚之间互相分工合作的现象未能予以深层阐述，而全球生产网络强调了地方发展的外生性，却忽视了地方网络的重要作用，为此，张云伟（2013）通过建立超越全球生产网络理论与产业集聚理论的全新研究框架，论述了跨界产业集聚间合作网络的本质及演化机制等。通过对上海张江高科和台湾新竹集成电路产业集聚之间合作网络的实证分析，得出不同地区具有相互依赖关系的两个产业集聚，可以通过跨界产业集聚之间的合作网络更高效地整合全球资源和创新资源，这些合作网络通过 FDI、上下游合作、人才跨界流动三种形式实现，但必须存在一定的发展环境，如相近的产业基础、各具优势的区位条件、大规模的 FDI 以及反映业务水平与工作能力的技术等级等。根据各个经济体产业集聚之间的合作疏密程度以及外部通道的成长状况，可将合作网络的演化进程划分为五个不同的时期，即孕育、发展、成熟、衰退、消亡时期。在孕育时期，企业家通过跨国企业建立分支机构或异地创业使贫困区域获取初步合作的机会；在发展时期，由于 FDI 等外部通道逐渐增多，在跨国企业分支机构网络权力的影响下，贫困地区凭借资源、劳动力、政策等优势引入发达地区产业集聚内处在产业链上下游的企业，从而促进贫困地区形成产业集聚；在成熟时期，贫困地区产业集聚自主创新能力将会迅速得到提升，不断缩小与发达地区在技术与管理上的差距，企业之间的跨界联系和人才的跨界流动，都会促使贫困地区与发达地区的产业集聚在产业链上形成上下游合作联系，推动跨界产业集聚网络合作迈向成熟；当产业在链条中出现低端锁定、缺少与外界沟通交流机会时，跨界产业集聚相互之间的网络合作将进入衰退期，但当集聚间合作网络内部与外部技术层级更高的企业合作获得突破性技术、开拓新市场时，跨界产业集聚间网络合作则进入复兴期。

2.4.2 产业集聚发展路径及发展模式研究

在中国，每一个产业集聚的发展路径和产生方式都有所不同，但在某些程度上仍有共性特征：第一，中国的改革开放和外资的进入为产业集聚的形成创造了宏观环境；第二，由于产业集聚的形成需要一定的时间，在初始阶段，发展中国家的产业集聚主要靠市场力量或偶发因素形成（Krugman，1996），而中国很大程度上源自市场的力量，并且大多在低技术和劳动密集型产业层面上运作，也就是说，处于全球产业价值链的较低端；第三，大多数的产业集聚都依托乡镇和主要地区市场，拥有良好的基础设施，地理位置对出口导向型的产业集聚来说具有优势；第四，由家族式的中小企业组成的非正式产业集聚在生产线上经验丰富，此类企业家具有隐性知识及生产和贸易技能；第五，自然资源禀赋以及大量低成本又相对受过良好教育的劳动力也是产业集聚发展的重要资源；第六，由于成本的上升、有限的土地、严格的环境标准以及政府规划政策的影响，许多沿海地区的产业集聚开始向中西部内陆地区转移；第七，大多数产业集聚中的企业处在制造业产业价值链的不同位置，并会为该产业价值链提供相应的服务，企业内部劳动分工和专业化生产可提升效率并且降低准入门槛、降低经营成本，产业集聚内的小企业能够从上游企业获得贸易信贷等，极大地提高了企业的生存能力。

基于这些产业集聚的发展特征，在分析产业集聚的发展模式方面也各有不同。郝寿义（2007）指出不同的经济主体会根据特定的空间要素禀赋差异进行空间上的集聚，依次经历要素集聚、企业集聚、产业集聚、城镇集聚四个层次的发展模式。侯志茹（2007）利用国内外典型产业集聚的发展动因，将产业集聚的发展模式分为空间集聚型集聚模式（指单个中小企业的企业组织和大量中小企业集中的企业布局模式）、内生型产业集聚模式（指依靠传统工商业与独特的地区产业专业化资源，以及来自个人、企业等微观经济主体的自主创新，从而获得相对于其他地区的体制机制落差优势的情况下产生产业集聚）、轴轮式产业集聚模式（指一个特大型成品商周边环绕着许多相关联的中小企业的产业集聚）、创新推动型产业集聚模式（指主要通过科研、研发机构的成果转化和知识外溢促进高技术产业集聚）、嵌入型产业集聚模式（指在创造性模仿、发展型地方政府和企业家精神等作用下，依托便利的区位条件，发挥土地资源、低廉劳动力、投资政策、跨国企业的先进技术管理等优势而崛起的外商投资为主的产业集聚）。冉庆国（2007）则依据我国欠发达地区产业集聚发展模式多样性的原则，构建了贫困地区基于小城镇建设、基于工业园区发展、基于龙头企业网络、基于 FDI 的产业集聚发展模式。

2.4.3　产业集聚效应研究

不同发展模式的产业集聚对当地经济发展产生的影响程度大小不一。贺灿飞（2012）利用 2005－2007 年度我国制造业企业的统计数据，运用 EG 指数对不同发展模式的产业集聚状况进行测算，从中发现在控制一定企业规模的状况下，省区范围的产业集聚程度超越县区行政辖区范围，但省区范围的集聚效应则通过县区范围内的集聚效应发挥作用，与此同时，一个产业集聚大部分由下属产业间共聚组成，产业间共聚并非同一产业内相同产业的共聚，而是倾向于跨行业间多层级的互补性共聚，下属各产业间的共聚并不利于效率的提高，只有下属产业自身的集聚才是促进效率提高的关键。但总体上，实证研究确认了产业集聚的集聚效应会促进经济增长和就业的增加。Nakamura（1996）在对日本制造业形成的产业集聚状态进行研究分析过程中发现，假如某产业规模比原来规模扩大一倍，蕴含在产业集聚中的劳动生产率就会提升到4.5%。Rosenfeld（2001）根据 Mc Graw - Hill 公司对美国380个产业集聚地的经济测算，发现这些集聚地雇用了57%的劳动力，创造了61%的国民产出。王缉慈（2002）、华兴顺（2004）、帅宁和尹继东（2005）等认为，随着我国贫困地区跨越式赶超发展的深入，产业集聚作为一种重要的区域产业组织形式，形成了区域经济良性循环的合理内核，在提升区域竞争力、发挥区域优势、创立区域品牌、促进中小企业快速成长、扩大招商引资和对外开放等方面，为促进贫困地区可持续发展起到了重要的推动作用。并且产业集聚在空间效果上产生并释放出了集聚效应，主要包括三种效应变化：第一，企业会由于地理位置的临近，而降低产品成本，增强企业间的信任，减少交易风险并增强交流与服务。特别是知识、技术传播速度的加快会导致技术的外溢效应明显，利于企业的创新。第二，企业间的分工合作更加清晰紧密，将进一步促进集聚企业的规模发展和结构升级，进而提高资源利用率。第三，由于"产业集聚主体群"有产业相关、区位相近、联系紧密等特点，极易提升整体形象与知名度，便于新企业的形成，整体竞争力的增强①。

---

① 任登魁. 全球价值链视角贫困地区产业集聚发展模式研究［D］天津：天津大学博士学位论文，2015.

国家数字出版基地真是基于产业集聚理论建立起来的。相同产业集聚在一个地理空间，相互间按照产业化分工合作，企业本身发挥自主创新职能，从而引领一定地域范围内的产业发展模式和产业增长规模，成为区域内创新发展的动力源泉。

2.5 区域创新理论

区域创新体系（RIS）是一个新兴的概念，自国家创新体系产生以后，在世界范围内掀起了一个创新体系的研究热潮。1992年，英国加的夫（Cardiff）大学的库克教授最早提出并进行较为深入的研究，发表了一篇文章《区域创新体系：新欧洲的竞争规则》受到学术界的重视与研究。

区域创新体系研究得到重视的另一个重要原因是美国硅谷崛起，硅谷的神奇让人们认识到区域在创新体系中扮演的重要角色。区域创新体系研究的另一个思想来源是产业集聚。

因此，区域创新体系的理论来源有两个：一个是国家创新体系理论；另一个是渐进经济学和现代区域发展理论。区域创新体系的内涵是指一个区域内有特色的、与地区资源相关联的、推进创新的制度组织网络，其目的是推动区域内新技术或新知识的产生、流动、更新和转化。

区域创新体系由主体要素（包括区域内的企业、大学、科研机构、中介服务机构和地方政府）、功能要素（包括区域内的制度创新、技术创新、管理创新和服务创新）、环境要素（包括体制、机制、政府或法制调控、基础设施建设和保障条件等）三个部分构成，具有输出技术知识、物质产品和效益三种功能。

2.5.1 区域创新内涵

区域创新体系（Regional Innovation System，简称 RIS）又称区域创新系统，英国的库克教授（Cooke，1996）认为 RIS 主要是由在地理上相互分工与关联的生产企业、研究机构和高等教育机构等构成的区域性组织体系。① 进入知识经济时代，借助于信息技术的发展和信息资源的丰富，区域创新活动越来越频繁。国内外不少学者在区域创新系统构建、区域创新发展模式、区域创新能力建设等方面已进行了研究，得出了有益的结论。如 Negassi（2004）研究了知识外溢、吸收能力、技术互补、研发强度、人力资本、政府补贴等是区域创新和研发合作的决定因素②。

迄今为止，区域创新系统的概念还未获得普遍接受的定义，这不利于区域创新系统研究成果的学术交流，也不利于区域创新系统研究的学习积累。鉴于目前对区域创新系统认识的局限性，要想对其下一个精确的和被广泛认可的定义是很困难的，但是，基于上述的分析，区域创新系统的一些基本内涵却是可以确定的，即：

（1）具有一定的地域空间和开放的边界；

（2）以生产企业、研究与开发机构、高等院校、地方政府机构和服务机构为主要的创新主体；

（3）不同创新主体之间的社会交互作用，构成了创新系统的组织和空间结构，从而形成一个社会系统；

（4）把制度因素摆在突出的位置上加以考虑，强调制度因素和治

---

① Cooke P. Regional Innovation System：An Evolutionnary Approach. In Bar，Cooke，P. and Heidenreieh，R（eds）. Regional Innovation Systems［M］. London：University of London Press，1996.

② Negassi，S. R. &D. cooperation and innovation：A micro econometric study on French firms［J］. Research Policy，2004：209 – 223.

理安排对于知识的形成、利用和扩散的重要作用；

（5）以促进区域内创新活动为目的，鼓励区域内的企业充分利用地域范围内的社会关系、价值和交互作用等来形成特殊形式的资本（社会资本）以增强区域创新能力和竞争力。

2.5.2 系统类型

由于现实经济中区域发展的多样性和复杂性，许多学者基于社会学和制度学的视角对区域创新系统进行了分类研究。本研究依据治理结构、社会根植性、创新主体、创新环境以及主体互动程度等将区域创新系统区分为以下三个类型。地域根植性区域创新网络、区域网络化创新系统和区域化国家创新系统。

1. 地域根植性的区域创新系统。
2. 区域性的创新系统网络。
3. 区域化的国家创新系统。

1. 地域根植性的区域创新系统

该类区域创新系统是一种专业化产业区的中小企业网络，以"第三意大利"的伊米莉亚·罗马涅（Emilia – Romagna）地区为典型。公司把他们的创新活动主要建立在本地的及企业间联系的学习过程中，技术转移活动基本在当地进行。经济社会学家格兰诺维特（Granovetter）将其描述为地域性的根植于特定地区的创新系统。在这个系统中，中小企业之间以及与各类公共服务部门之间形成了以网络为基础的创新，并支持和促进区域范围内适合的技术和组织学习。

哈特等人在研究不完全契约理论时，指出威廉姆森的交易成本经济学由于没有引入产权分析，因而不能在契约与制度之间建立起内在关联性。制度变迁也不能借助契约演进来说明。在阿罗—德布鲁的世界里，无论谁拥有财产，市场运行总是有效的，这说明在一般均衡理论的框架中产权的分配对市场的运作效率没有影响。但是哈特指出，当契约是不完全的时候，就不能保证市场交易是最优的。因此，这是财产制度就是最重要的。哈特把注意力集中在契约的不完全上。他指出，在现实中，契约是不完全的，并且无时不在进行修改和重新协调。哈特就从不完全契约中，推倒出了财产制度的重要性，实现了对阿罗—德布鲁范式的理论突破。

2. 区域性的创新系统网络

区域网络化创新系统被认为是理想的区域创新系统，出现在德国、澳大利亚和北欧国家，大多为国家政策促进创新能力和合作所导致的结果。在这种类型中，公司和组织不仅同样是根植于特定的一个区域地点，以本地的、互动的学习为特征，而且通过有意加强该地区公共机构的基础设施来提供知识和增强本地企业的竞争优势。例如，通过建立一个更强大、更发达角色的区域性研发机构、职业培训机构及其他民间团体参与企业的创新过程，系统在涉及公私合作方面因此更加具有计划性。这不仅增加了区域的集体创新能力，也有利于抵消区域企业集群中的技术锁定现象。

3. 区域化的国家创新系统

这种类型与前面两种并不相同，表现在以下两个方面。第一，产业和组织基础的部分是更多地结合国家或国际创新系统的，比如创新活动主要发生在和区域外部主体之间的合作。因此，外部主体和关系在系统中发挥更大的作用。第二，以正式的科学知识交流为基础，组织间的合作与线性模型更为一致。在这种系统中，合作更可能产生在那些有着相同职业或教育背景的人群中，这种相似性的背景通过"知识交流"有利于知识的循环和分享。因此，合作交流可能是跨区域的甚至是跨国界的。

2.6　本章小结

本章对产业发展理论、产业竞争力理论、政策工具理论、产业集聚理论、区域创新理论等进行了主要论述。首先指出产业竞争已从物质、禀赋等外在的竞争转变到以人才、机制、管理、创新等内部的竞争；其次指出，产业发展是产业产生了集聚效应，形成了区域创新的动力源泉。

这些理论对重庆两江新区国家数字出版基地的发展起到非常重要的理论方面的指导作用。这些理论和方法既有经实践检验已比较成熟的理论，也有在经典理论的基础上结合我国国情和改革开放的实践而提出的理论，这些理论是本研究的重要理论基础，为以后各章提供了理论的依据。

第三章

国际数字出版发展状况

国外数据统计互联网公司 Statista 发布了针对 2016 年全球数字出版领域的报告，指出，2016 年全球数字出版市场规模 153 亿美元，占数字媒体市场的 18.2%。这其中，79.7% 的市场由美国、中国和欧洲占有，这 3 个地区市场收入达到 122 亿美元[①]。可见，数字出版已成全球趋势。

3.1 数字出版产业国际发展状况

3.1.1 发展现状

目前全球数字出版产业发展迅速，数字出版产业收入持续上涨。根据普华永道《全球娱乐与传媒行业展望 2016－2020》统计，划分为图书、报纸、杂志、音乐、户外广告等 17 个细分市场，相比其《全球娱乐与传媒行业展望 2015—2019》多了电子竞技和虚拟现实两个细分市

---

① 尹琨.2016 全球数字出版报告：电子书领跑，数字阅读发展向好 [N]. 中国新闻出版广电报，2016－12－29（05）.

场，出现了一些变化①。

从全球广告业来看，2016年互联网的广告收入首次超过电视广告，2016年，北美地区数字户外（DOOH）收入比例为37.9%，虽然高于其他地区，但是亚太地区DOOH的增长空间将会超过北美，成为2020年数字化程度最高的地区。随着越来越多的广告向数字户外（DOOH）转型，全球物理户外（OOH）实际收入呈下降趋势，预测2019年下滑0.2%，到2021年，同比下降速度加速至0.8%。从全球报纸来看，2016年，全球报纸发行收入超过全球广告。并且在2016年中国有41056个电影院屏幕，美国有40928个，中国电影屏幕超过美国②。

根据全球展望，人均E&M（机电）支出欠发达市场将经历最快速的增长。但是并非所有的市场或细分市场正在放缓或下滑，也存在着不同程度的增长。

1. 整体规模

中国经济发展经历了1992年至2008年亚洲金融风暴之间的"制造业+出口+低消费"的发展模式和2008年至今的"地方债+房地产+宽松货币政策+低消费"的发展模式。目前，随着我国地方政府负债规模的不断增大，依靠出让土地获取财政收入的模式，使得中国人透支了未来30年的城镇化带来的红利。

（1）传统书报刊数字占比持续下降

随着数字出版行业的发展，传统的图书、杂志、报纸等在不断地被压缩。根据普华永道展望2016—2020可知，全球报纸的总收入将以1.5%的复合速度下降，其他新兴产业，例如网络游戏、电子竞技、虚

---

① 普华永道《全球娱乐与传媒行业展望2016–2020》[EB/OL]. [2019–02–15]. https://www.pwc.com/gx/en/industries/tmt/media/outlook.html.
② Global Audiobook Trends and Statistics for 2018 [EB/OL]. (2017–12–17) [2019–02–15]. https://goodereader.com/blog/audiobooks/global–audiobook–trends–and–statistics–for–2018.

拟现实都在快速增长,比例也在不断扩大。这些产业都在抢占数字市场,传统的书报刊占比在不断减小。

(2)新型板块发展规模强劲

新增的电子竞技和虚拟现实的细分市场展示了巨大的发展潜力。其中,电子竞技的收入在2016年成倍增长,预计2021年继续翻番。电子竞技运动总量将从2012年的4200万美元成倍增长为2021年的8.74亿美元,这充分体现了电子竞技产业的巨大发展速度。电子竞技流媒体网站越来越多地面临来自世界广告商的竞争,预计电子竞技流媒体广告收入飙升并最终胜过视频互联网广告。具体如图3.1所示。

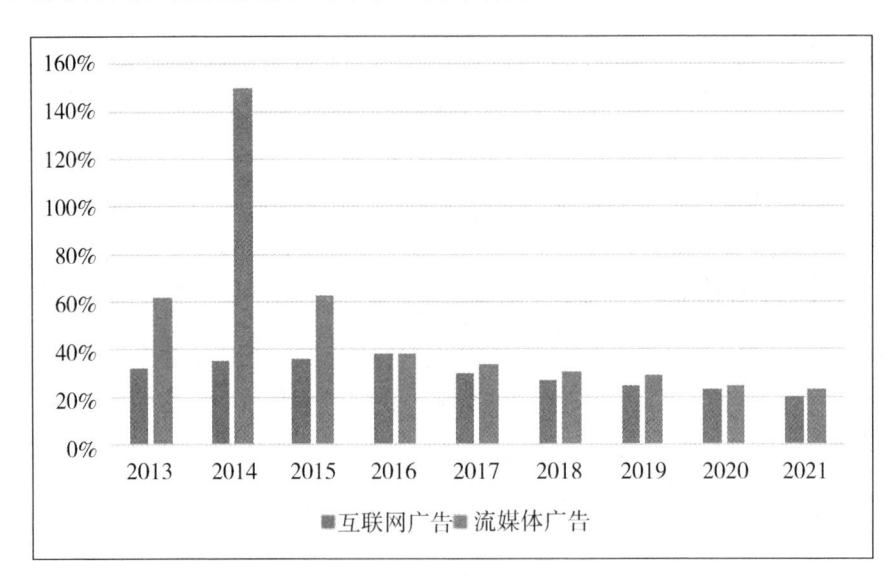

图3.1 流媒体广告与互联网广告年增长率(2013—2021)

数据来源:普华永道 https://www.pwc.com/gx/en/industries/tmt/media/outlook.html

随着智能手机的不断普及,VR技术的成熟,基于智能手机的便携式移动虚拟现实耳机将远远超过其他形式,图3.2显示,预计到2021年,将有约2.57.2亿个VR耳机投入使用,安装基地的复合年增长率将达到71.8%。在总数中，88.5%的耳机将以智能手机为核心。虚拟现实视频收入将在2019年超过互动应用和游戏收入，这是一个非常大的升值市场。

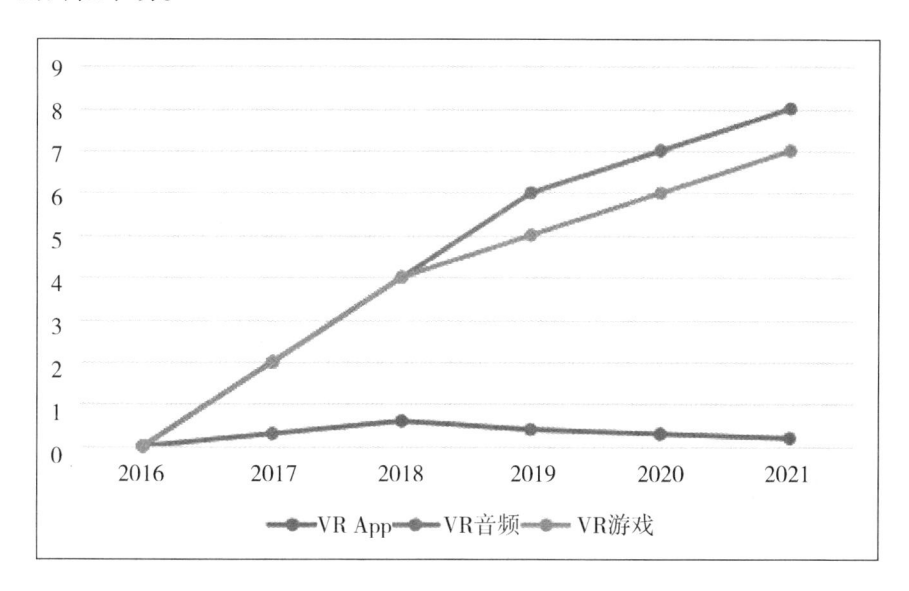

图3.2　VR总收入复合增长率（2016－2021）

数据来源：普华永道 https://www.pwc.com/gx/en/industries/tmt/media/outlook.html

（3）用户规模

面对日益成熟的数字出版行业，新兴板块发展十分强劲，用户规模也在呈上涨趋势，越来越多的用户意识到这些产业的吸引力和新鲜感。与其他已有的传统数字产业相比，新兴产业的用户规模在不断扩大。

2. 数字新闻出版业

（1）数字报纸

数字报纸发展较为缓慢，全球数字报纸市场规模在2010－2014年年均增速为17.99%。2014年，数字报纸市场规模仅为报纸市场总规模的7.95%，较2010年的3.91%有所提升。相比较而言，根据普华永道展望2016－2020预测，全球报纸总收入预计将以每年1.5%的复合速度下降，2012年至2021年期间，报纸广告收入总额将损失约238亿美元。其中印刷收入则会以3%的复合年跌幅，数字报纸将以9.7%的年增长率抵消报纸总收入的下滑比例。

相比较之下，亚太地区是世界印刷流通业正向发展的唯一区域，预计未来几年印刷业的发展也将如此。特别是在印度和中国这样的大型市场中，识字率和经济标准不断提高，信息需求与日俱增。预计平均每日印刷发行量将从2016年的每日3.825亿份增加到2021年的每日4.147亿份。

（2）有声书

从目前的出版业来看，有声书是增长最快的，业界对该格式的发展十分看重，被许多新兴公司所看好，零售商也认为有声书是值得投资的产业，美国仍然是音频格式的最大市场。根据2018全球有声读物趋势和统计数据可知①，2017年有声书的销售额超过了25亿美元，与2016年的21亿美元相比有所增加。有声读物出版商协会（APA）的Michelle Cobb说："在过去的12个月中，26%的美国人听过有声读物。"

从APA 2017年年度报告可知，有声读物数量与去年相比增长了33.9%，有声读物生产的繁荣提供了巨大的经济回报。哈勃·柯林斯（Harper Collins）集团、西蒙·舒斯特（Simon & Schuster）集团和企鹅·蓝登书屋（Penguin Random House）等都证实，有声读物销售额的增加弥补了由于电子书销售额下降带来的影响，且保持盈利。根据一项关于有声读物的调查发现，有声读物听众中，有48%的用户年龄均在35岁以下，这是出版商所要抓住的主要受众人群。具体如图3.3所示。

---

① Global Audiobook Trends and Statistics for 2018［EB/OL］.（2017－12－17）［2019－02－15］. https：//goodereader.com/blog/audiobooks/global－audiobook－trends－and－statistics－for－2018.

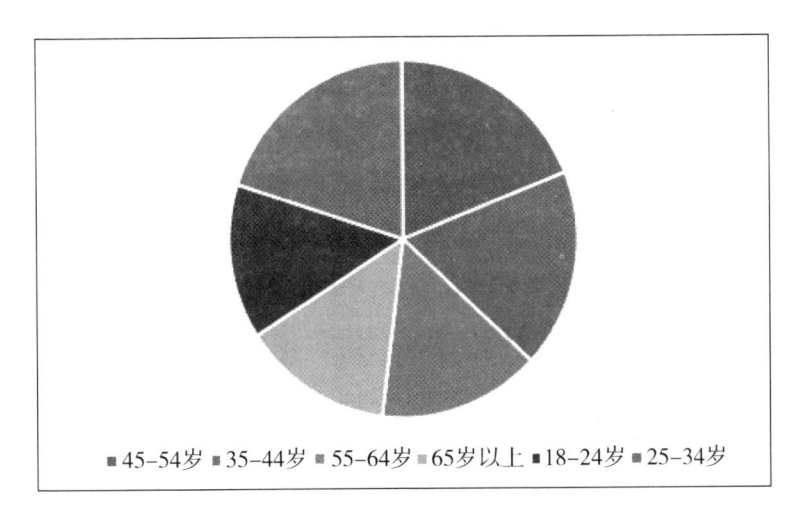

■ 45–54岁 ■ 35–44岁 ■ 55–64岁 ■ 65岁以上 ■ 18–24岁 ■ 25–34岁

图 3.3　有声书听众年龄分布

数据来源：2018 全球有声读物趋势统计

https://goodereader.com/blog/audiobooks/global-audiobook-trends-and-statistics-for-2018

该报告也显示 2018 年有一些值得注意的新趋势。比如有声读物行业都同意播客是通往有声读物的门户。亚马逊 Alexa，Google Home 和即将推出的 Apple HomePod 将开始进入市场，有声书出版商协会的 Michaelle Cobb 表示，2017 年 APA 消费者调查显示，19% 的人听过智能扬声器。随着智能扬声器的增加和使用，有声业的发展会更加强劲。

（3）数字图书

数字图书的发展相比印刷图书有很明显的优势，根据 2016－2020 展望可知，图书市场各个环节都面临着不同的挑战，尽管印刷收入在主要市场下滑，但数字图书市场还是出现了增长，在预测期的五年内，图书总收入预计以 1.1% 的年均复合增长率增长。到 2021 年，预计总收入将从 2016 年的 114.8 亿美元达到 2021 年的 121.1 亿美元。其中消费类的图书稳步增长，收入也从实体店转向了在线。具体如图 3.4 所示。

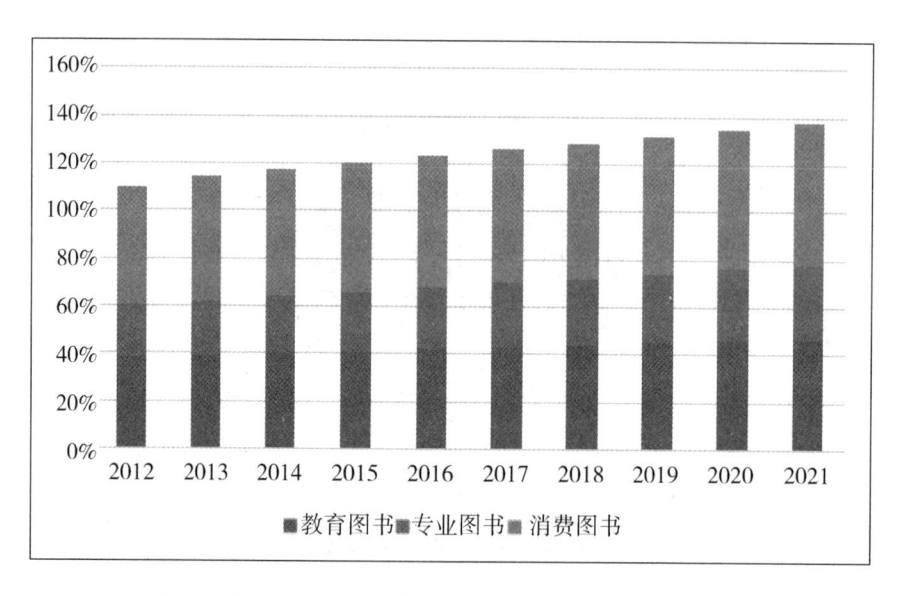

图 3.4　教育、专业、消费图书收入结构比较 (2012–2021)

数据来源：根据普华永道 2016–2020 展望资料制作而成

a. 大众出版

进入数字时代以来，各种形式的图书吸引了更多的受众。像谷歌、亚马逊、苹果集团公司、Facebook 等集团通过新型数字技术控制用户用软件之间的互动，所以图书市场的竞争是十分激烈的。从大众出版市场来看，根据法兰克福书展商务俱乐部发布的《2017 书业白皮书》[1] 可知，少量的超级畅销书圈住了大量的读者，占据了他们的注意力和消费力，这种模式已经在出版业占据牢固地位。而电子书市场因降低了作者门槛，给整体图书定价施加了压力，电子书价格下行。

从《2017 年全球电子书报告》图书细分市场分析[2]，在北美和英

---

[1] 袁舒婕.《2017 年书业白皮书》发布，国际出版市场版图有变 [N/OL]. 中国新闻出版广电报，2017 – 08 – 28. http://www.xinhuanet.com/zgjx/2017 – 08/28/c_136561742.htm.

[2] The Global eBook report 2017 is out [EB/OL]. (2017 – 03 – 02) [2019 – 02 – 15]. http://www.wischenbart.com/page – 4#the_ global_ ebook_ report_ 2017_ is_ out.

国，电子书在大型出版商的销售额中占比在15%和25%之间，2013年以来连续下滑。在西欧，2008年经济危机以后，图书市场出现衰退，电子书在大多数国家大众出版中所占份额不到10%。只有图书消费者集中的德国和荷兰消费者电子阅读接受度更高，这一区域数字销售较为平稳。在新兴经济体中，中国市场图书销售额持续增长。巴西和墨西哥因经济困境，支持数字教育创新的政府项目也大大削减。

b. 教育出版

教育出版主要是为学校、学院、大学和培训课程等制作材料，并且对于出版社而言，教育出版是最重要的市场领域，世界上最大的出版商也是教育出版商。随着数字出版产业的发展，学习资源的种类也在不断增加，传统的教育资源形式和交付方式也发生了转变。根据国际出版商协会教育出版商论坛（IPA-EPF）相关报告可知[1]，联合国可持续发展目标包括确保包容性和公平的优质教育，并促进人人享有终身学习机会。这说明了优质教育是未来发展中具有竞争力的资源，是以知识为基础的经济发展的基本条件。这有力地证明了教育出版的重要性不容小觑。

同时，根据国际出版商协会教育出版商论坛汇编的数据表明，教科书和学习材料的开支通常不到教育总支出的1%。而一个健康可持续的教育出版业是知识经济中必不可少的竞争。所以当今教育出版商的责任就在于为教育者和被教育者提供相关的学习资料和学习工具。在数字环境下，越来越多的国家正在不断转变，将数字工具进行教学过渡。当然这不仅仅是使用数字书籍。例如，丹麦的数字化程度就很高，就目前来看，还在呈现增长的趋势，数字学习资料的市场潜力是十分巨大的，优

---

[1] publishers are key in delivering Sustainable Development Goal 4 – Education [EB/OL]. (2017-05-31) [2019-02-15]. https://www.internationalpublishers.org/educational-publishing/educational-publishers-forum.

异教育产业的发展势不可挡。

c. 专业出版

专业类书籍对于所有的图书出版部门的数字化影响最为有利，其次才是消费类书籍和教育类书籍。许多专业领域的电子书用户更倾向于使用平板电脑，可为有需要的专业人士提供数百种电子书。所以，就消费类和教育类书籍比较而言，专业类电子书占图书总收入的比例更高。

3. 互联网与移动媒体

（1）移动出版规模巨大

移动出版是手机出版服务商将电子书、数字音乐、网络游戏等数字出版产品以文字、图片、音频等数字化形态展现在手机上。手机出版在数字出版中占比较高，例如，日本超过80%的数字出版市场收入来自手机出版业，中国也达到50%左右，手机出版产业也已经有了比较成熟的发展模式。

手机移动服务商的费用除了用户购机时的一次性费用，还主要包括流量费和信息费，随着智能手机的普及，手机出版产业前景更加广阔。根据普华永道展望2016-2020可知①，2016年，智能手机连接在全球移动电话连接的比例达50%以上，预计到2021将上升到75%以上。2016年，虽然占据主要数据流量的仍然是固定宽带，且多为家庭内部使用。但预计到2021年，随着智能手机使用的提高，届时将超过固定宽带。智能手机连接预计从2016年的28%上升至2021年的39%，固定宽带将从2016年的43%降至35%。在数据流量方面，美国和中国占主导的地位将持续到2021年，两国合计占所有数据流量的49%，中国将出现更快速的增长，复合年均增长率为26.2%，美国复合年增长率

---

① 普华永道《全球娱乐与传媒行业展望2016-2020》［EB/OL］．［2019-02-15］．https：//www.pwc.com/gx/en/industries/tmt/media/outlook.html．

为 19.8%。根据 ComScore 聚焦全球数字未来 2018 白皮书总结①，在移动出版中娱乐和视频发展迅速，视频消费在移动设备中变得更加重要，尤其是英国和美国，移动平台的设备和视频记录都在迅速增长。

（2）网络游戏发展强劲

数字出版产业的发展同时带动了网络游戏的飞速发展。近年来，网络游戏所衍生的电子竞技产业也得到很好的发展，游戏的影响力和用户规模也在不断扩展。根据普华永道 2014－2019 年展望可知，2014 年，全球游戏行业总产值达到 708 亿美元，其中数字化游戏（包括 APP 端和网页社交休闲游戏、数字化游戏机游戏、在线游戏机游戏，数字 PC 游戏和在线 PC 游戏）规模为 461 亿美元，占游戏总市场的 65.11%，数字化渗透率在各类出版市场之间居于首位。

同时，根据其 2016－2020 年展望，2017 年全球视频游戏市场在社交休闲游戏的全球收入首次超过传统游戏，并在 2016 到 2020 年的预测期内以更高的速度增长。社交休闲游戏复合年增长率将达到 11.9%，预计在 2021 年达到 743 亿美元。具体如图 3.5 所示。

（3）数字音乐发展成熟

全球数字音乐发展迅速，产业规模或将赶超实体音乐。2017 年国际唱片业协会（IFPI）全球音乐报告指出②，在 2016 年全球录制音乐总收入为 157 亿美元，比 2015 年增长了 5.9%，这是自 1997 年以来全球录制音乐增长的最高速度，并且数字收入为 50%，首次占全球录制音乐行业年收入的一半。截至 2016 年底，全球已有 1.12 亿用户支付音乐流媒体订阅，同比增长 60.4%，流媒体的增长抵消了下载量

---

① Global Digital Future in Focus 2018 ［EB/OL］.（2018－03－06）［2019－02－15］. https://www.comscore.com/Insights/Presentations－and－Whitepapers/2018/Global－Digital－Future－in－Focus－2018.

② Global Music Report ［EB/OL］.（2017－04－25） ［2019－02－15］. http://www.ifpi.org/recording－industry－in－numbers.php.

(-20.5%)实际收入(-7.6%)的降低。具体如表3.1所示。

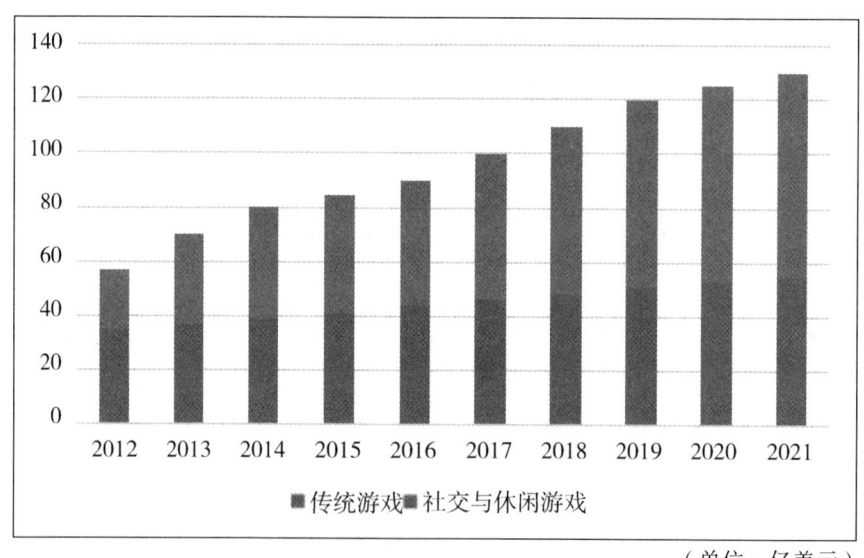

图3.5 全球视频游戏总收入(2012—2021)

数据来源:普华永道2016—2020展望

(单位:亿美元)

表3.1 2016年全球录制音乐收入

全球录制音乐总收入	+5.9%
全球收入的数字份额	+50%
数字收入增长	+17.7%
流媒体收入增长	+60.4%
实际收入	-7.6%
下载收入	-20.5%

根据IFPI资料制作而成

同时,根据普华永道预测,全球音乐产业收入将在2021年以3.5%的年均复合增长率增长。最显著的趋势是,消费者偏好将转向基于订阅的租赁服务。数字录制音乐收入的持续上涨,进而弥补实体录制音乐的下降。这表明数字音乐发展是全球音乐发展的趋势。

3.1.2 存在问题

1. 盗版猖獗,版权维护难

随着数字时代的到来,版权运行环境发生了很大的变化。传播方式的不断变化,传播种类及数量的大量增多,得用户在享受复制和分享便利的同时,也使得知识产权被侵权的风险日益加剧。数字化时代,盗版的成本越来越低,同时盗版产品的传播速度,传播范围越来越广,其涉及的人群更多,这就造成对侵权行为的追责比较麻烦,且追责成本更高,从而导致盗版现象难以彻底得到遏制。这里以数字音乐为例。由于版权的缺位,数字音乐盗版现象猖獗,根据国际唱片业协会发布的《2017年音乐消费者洞察报告》[①] 可知版权侵权问题持续上升。40%的消费者访问未经许可的音乐,且主要的是互联网流媒体用户,侵权用户规模从2016年的30%上升到35%,其中16岁到24岁的用户占53%。同时国际唱片业协会及其国际组织在2016年确定了1920万个网址为托管侵权内容,并向Google发出了3.39亿次要求其"停止"侵权网站的请求。

另据 Nielsen 和 ComScore 的统计数据显示,2015年全球网络用户中,大约有20%的用户会定期访问提供盗版版权作品下载、观看或播放的网站。

近年来,选举活动、不道德的事件、非法使用互联网等越来越多具有新闻价值的全球事件在发生,这些事件都需要可靠的消息来源,受到版权保护的高可信度和高质量的出版就更为重要。

---

① IFPI releases 2017 music consumer insight report [EB/OL]. (2017-09-19) [2019-02-15]. http://www.ifpi.org/news/IFPI-releases-2017-music-consumer-insight-report.

3.1.3 发展趋势

数字出版业是文化与科技融合诞生的新兴业态。相比于传统出版行业，数字出版因互联网属性的加入而具有了海量存储、搜索便捷、传输快速、成本低廉、互动性强、环保低碳等特点，已经成为新闻出版业的战略性新兴产业和发展的主要方向。

1. 人工智能发展迅速

人工智能（Artificial Intelligence，简称 AI）的迅速发展，在国际社会中已经成为追逐的热门技术，越来越多的行业开始拥抱这项新技术。根据普华永道发布的 2018 年人工智能（AI）预测报告[1]显示，AI 将为全球经济贡献高达 15.7 万亿美元，比中国和印度目前经济产值的总和还多。到 2030 年，AI 带来最大经济收益的国家将是中国（2030 年 GDP 将增长 26%）和北美（14.5%），相当于 10.7 万亿美元，占全球经济影响的近 70%。

数字出版行业也与人工智能的发展越来越紧密，越来越多的国际媒体开始应用人工智能技术。例如，《纽约时报》研发的机器人可以对用户进行大数据分析，进行算法推送；Facebook 研发出"聊天机器人"等。人工智能技术也在加速进入出版业，在数字出版、数据加工、数字教育等多个领域应用。人工智能在未来的发展会更贴近用户的需求，从而促进数字出版产业的全面发展。

2. 虚拟技术进入出版业

虚拟现实（Virtual Reality，简称 VR）技术是一种可以创建和体验虚拟世界的计算机仿真系统。它利用计算机生成一种模拟环境，从而形

---

[1] 2018 AI Predictions [EB/OL]. [2019-02-15]. https：//www.pwc.com/us/en/advisory-services/publications/artificial-intelligence-predictions.html.

成多源信息融合的、交互式的三维动态视景和实体行为的系统仿真①。VR 技术在游戏、购物、新闻、会议、电影等众多领域得到了相关应用。例如，谷歌地球发布了一款免费应用——Google Earth VR，这款应用收录了地球 5 亿平方千米的真实地貌，用户通过佩戴与该应用相匹配的 HTC Vive 设备，就可以足不出户任意选择想去的地方。

随着数字版权时代的到来，VR 技术会不断进入到出版行业，从目前来看，VR 技术在出版行业中主要是教育出版和专业出版。如谷歌把虚拟现实项目应用在教育领域，实现虚拟现实与教育相结合，目前已经有 50 万名学生进行了虚拟现实教育体验②。VR 技术的运用是将二维图景转化为三维图景，更利于用户的使用和理解。《纽约时报》还首创 VR 营销模式，主要表现形式是付费订阅 + 免费发放谷歌纸板眼镜。根据普华永道预测，VR 的年复合增长率到 2021 年将达到 80%，将从由 2016 年 8.69 亿美元的市场增长到 2021 年的 150 亿美元的市场。

3. 数字版权日渐完善

面对数字出版产业的迅速发展，在国际范围内对于版权的维护正在不断加强。以美国为例，美国不仅是数字出版产业发展最早的国家之一，也是注重维护和规范版权产业的国家之一。根据国际知识产权联盟（IIPA）③ 发布的最新全面经济报告可知，2016 年，美国的"核心"版权产业在 2015 年间创造了超过 1.2 万亿美元的经济产出，占整个经济的 6.88%。核心版权产业 2015 年间雇用了 550 万工人，占美国劳动力总数的 3.87%，占美国私人就业总数的 4.57%。平均工资比其他美国雇

---

① 虚拟现实技术 [EB/OL]. [2019 – 02 – 15]. https：//baike. baidu. com/item/% E8% 99%9A% E6% 8B% 9F% E7% 8E% B0% E5% AE% 9E/207123？fr = aladdin.
② 谷歌用 500 万个纸板眼镜让全世界认识了 VR [EB/OL]. (2016 – 01 – 29) [2019 – 02 – 15]. http：//digi. tech. qq. com/a/20160129/009932. htm.
③ Copyright Industries in the U. S. Economy [EB/OL]. (2016 – 12 – 06) [2019 – 02 – 15]. https：//iipa. org/reports/copyright – industries – us – economy/.

员高38%。核心版权产业的发展速度在2012至2015年间的年均增长率为4.81%，超过了美国经济的发展速度。

美国贸易代表办公室（USTR）年度"特别301"调查报告①（IIPA）建议，需要有适应网络盗版挑战的现代化法律框架，包括鼓励行业间合作以确保网络安全和健康，有效的禁令救济可用于补救网上盗窃知识产权的行为。

我国在数字版权保护方面的举措也在不断完善，不仅对数字版权技术进行保护，同时还对数字内容进行保护。原国家新闻出版广电总局改革办公室制定了《新闻出版广播影视企业版权资产管理工作指引（试行）》②，并强调要高度重视版权资产管理工作，版权资产是新闻出版广播影视企业的核心资产，做好版权资产管理工作是贯彻落实国务院《"十三五"国家知识产权保护和运用规划》和原国家新闻出版广电总局《新闻出版广播影视"十三五"发展规划》的重要任务，版权的保护有利于企业增强竞争优势，推动企业高效发展。

4. 隐私管理影响巨大

面对互联网的高速发展，越来越多的新技术运用到数字出版行业，用户的隐私管理由于其在用户体验和塑造品牌吸引用户方面的巨大的影响力，已经成为一个争议的焦点。近年来，美国的特朗普总统签署了国会立法，废除联邦通信委员会保护互联网用户的隐私，这一做法意味着电信供应商可以不需要向消费者申请收集、存储、分享和销售的许可。像Facebook、亚马逊、Netflix等用于庞大用户数量的公司，因为个人信息泄露事件频发，被许多互联网维权组织视为侵犯消费者隐私的典型；

---

① Special 301 Report [EB/OL]. (2018-02-08) [2019-02-15]. https：//iipa.org/reports/special-301-reports/.
② 版权资产管理工作力度加大！总局印发新闻出版广播影视企业版权资产管理工作指引 [N/OL]. 中国出版传媒商报，2018-2-28. http：//www.sohu.com/a/224558838_267807.

相比之下，许多国家、地区、组织都在制定相应的法律规则保护隐私安全，例如亚太经合组织的跨境隐私规则数据系统、欧盟数据保护法则等。

3.2 欧洲数字出版产业发展状况

随着互联网技术、计算机技术以及通信技术等的发展，信息化浪潮席卷全球。在数字出版全球化发展的大背景下，毫无疑问，欧洲各国的数字出版产业都得到了一定程度上的发展。根据国际出版协会（International Publishers Association，简称IPA）的统计数据显示，六个大的图书市场（美国、中国、德国、日本、法国和英国）占全球消费书籍的60%①。本研究以英国、德国、法国等国为主要代表，同时兼及其他欧洲国家，探讨了欧洲数字出版产业发展的现状，并在此基础上进一步得出欧洲数字出版产业的发展趋势。

3.2.1 发展现状

1. 整体规模

（1）传统书报刊数字占比

与整个传媒业所发生的情况类似，欧洲图书也正处于数字化浪潮。据著名统计机构Statista资料显示，大多数图书爱好者仍然忠实于印刷的图书，纸质图书是欧洲最受欢迎的阅读方式，电子书市场比较疲软，

---

① Which markets are hot which are not [EB/OL] (2013 – 11 – 13) [2019 – 02 – 15]. https://www.internationalpublishers.org/market – insights/data – and – statistics/155 – ipa – s – global – publishing – statistics – which – markets – are – hot – which – are – not.

甚至一项研究表明，在2017年，电子书约占欧洲所有图书销售的1/5①。

据英国出版协会（The Publishing Association，简称PA）2016年统计数据显示，2016年英国图书业（纸质和数字）收入达到35亿英镑，同比增长5.9%。其中纸质书收入增长7.6%，而数字书收入却下降2.8%②。

根据德国出版商和书商协会发布的报告显示，2016年德国电子书销售量持续增长，但是所带来的销售收入却不断下降。导致这一现象发生的原因可能是电子书定价的降低。总体来讲，2016年德国电子书销售收入只占图书市场收入的5.2%，这个数字较2015年略有下降③。

相比电子书市场的疲软，数字报纸的情况就比较乐观，据Statista数据显示，虽然印刷报纸仍占主导地位，而数字报纸的消费在过去20年中却大幅度提高④。

与报纸情况类似的是，在欧洲，虽然整个杂志消费行业出现下降趋势，但数字杂志的发行收入却呈上升趋势⑤。

从以上传统书报刊的数字占比数据可以看出，除了电子书市场比较疲软之外，数字报纸、数字期刊都得到了一定程度上的发展，而电子书市场的疲软，一定程度上受到了欧洲传统文化的影响，比起电子书，欧洲读者还是更喜欢阅读纸质书，更喜欢纸质书的阅读体验，尤其是他们

---

① Book Market in Europe – Statistics&Facts［EB/OL］［2019 – 02 – 15］. https：//www. statista. com/topics/4062/book – market – in – europe.
② PA publishing yearbook［EB/OL］（2013 – 11 – 13）［2019 – 02 – 15］. https：//www. publishers. org. uk/resources/uk – market/pa – publishing – yearbook.
③ 韦克，伊豆. 欧美市场：电子书发展趋势各异［N］. 国际出版周报2017 – 8 – 7（09）.
④ Newspaper market in Europe［EB/OL］［2019 – 02 – 15］. https：//www. statista. com/topics/3965/newspaper – market – in – europe .
⑤ Magazine industry in Europe［EB/OL］［2019 – 02 – 15］. https：//www. statista. com/topics/3852/magazine – industry – in – europe.

对纸质图书有着特殊的情感。

（2）新型板块发展规模

欧洲的有声书市场成为图书市场一个比较新的趋势。根据 Statista 资料整理，得出以下数据：在德国，2016 年大约有 283 万人买超过一本有声书。在挪威，有声书的销售数量从 2013 年的 348000 多份一直增长到 2015 年的 675300 份。同时，最近几年有声书的收入也在增长。2013 至 2015 年间，挪威有声书的收入从 4999 万克朗涨至 6474 万克朗[1]。

随着网络世界的日益普及，数字广告市场在过去几年中的重要性显著提高，现在是广告的主要形式之一。从 Statista 网站收集整理的资料显示，在 2017 年的全球比较中，英国、德国和法国是世界上最大的在线广告市场，数字广告收入分别是 1172000 万美元，737000 万美元和 513000 万美元。总的来说，2016 年欧洲在线广告比 2015 年增长了 12.3%[2]。

而在数字音乐方面，近几年来，数字音乐收入在欧洲所有主要的音乐市场都得到了增长。2015 年，瑞典是欧洲音乐市场占据数字音乐份额最大的国家。关于数字音乐消费，流媒体音乐服务在消费者之间的流行与日俱增，流媒体音乐收入在引领音乐市场方面呈现上升趋势，正如德国、法国、瑞典和英国[3]。

（3）用户规模

2016 年，在欧洲，85% 的家庭都有网络连接，欧洲 28 国家庭网络连接的份额与 2007 年相比上涨了 30%，据估计，2016 年在欧洲有

---

[1] Book market in Europe [EB/OL] [2019-02-15]. https://www.statista.com/topics/4062/book-market-in-europe.
[2] Digital advertising in Europe [EB/OL] [2019-02-15]. https://www.statista.com/topics/3983/digital-advertising-in-europe.
[3] Music industry in Europe [EB/OL] [2019-02-15]. https://www.statista.com/topics/3903/music-industry-in-europe.

18980万人有宽带连接。在英国,网络用户普及率预计在2021年将达到近96%,法国和德国将分别达到81.32%和82.62%。2016年在欧洲,互联网被71%的个人广泛使用[①]。

数据显示,不管世界的哪个地方,手机使用都保持增长,在2015年,欧洲家庭手机使用的份额达到了93%,这表明了手机作为通信工其是如何迅速变得重要的。

几乎每一个国家都显示出乐观的趋势,例如,意大利和法国手机用户的数目就证实了这一趋势。两个国家到2019年都预计达到5100万用户,试图去赶上德国的步伐以及德国的手机用户率[②]。具体如表3.12所示。

表3.2 英国互联网发展数据(2010—2017年)

项目	2010年	2011年	2012年	2013年	2014年	2015年	2016年	2017年
互联网普及率(%)	75	77	79	80	82	85	86	88
智能手机普及率(%)	n/a	27	39	51	61	66	71	76

数据来源:Ofcom. 2017

2. 数字新闻出版业

(1) 数字报纸

数字报纸的情况比较乐观,来自Statista的数据显示,虽然印刷报纸仍占主导地位,印刷报纸收入预计到2020年将减少3%,而同一时

---

① Internet usage in Europe [EB/OL] [2019-02-15]. https://www.statista.com/topics/3853/internet-usage-in-europe.

② Mobile phone usage in Europe [EB/OL] [2019-02-15]. https://www.statista.com/topics/3827/mobile-phone-usage-in-europe.

期数字报纸的收入预计将增加9.8%，与此相一致，近年来欧盟28国的印刷报纸的普及率有所下降，日常报纸消费从2012年的37%下降至2016年的29%，而数字报纸在过去二十年中却大幅度提高。

（2）数字期刊

早在2007年，数字期刊已经成为国际学术期刊出版、传播的主要形态。传统的纸质学术期刊逐步推出数字出版，纸质印刷按需提供，绝大部分的国际重要学术期刊实现了数字化出版。一些大型的出版集团完成了数字化转型。如，励德·爱思唯尔集团（Reed Elsevier Group），2015年改名为励讯集团（RELX Group），在公司的2015年财务年报数据中，数字化业务超过70%，纸质业务仅15%。从发展趋势上看，其数字化产品的收入由2000年的22%上升到2015年的70%。而纸质产品收入逐年萎缩。学术期刊不再提供纸质版。公司的发展定位不再是传统的出版商，转而成为新型信息解决方案的提供商，通过知识和信息服务，旨在为用户做出更好的决策服务。

同时，开放存取（OA）数字学术期刊发展飞速。OA这个概念的提出始于2001年布达佩斯开放存取倡议（BOAI），提倡读者免费获取、无障碍传播。十多年来，OA飞速发展。辛巴出版情报信息公司（Publishing Intelligence Firm Simba Information）2016年出版的《开放存取出版发展报告（2016—2020）》（Open Access Journal Publishing 2016—2020）中指出，全球OA学术期刊发表的论文每年以双倍的速度增长，目前，全球公开发表的学术论文，有1/3是以OA的形式发表的。虽然目前OA的销售金额仅占国际科学技术和医学出版社集团期刊销售金额的3.2%，但在平稳的学术期刊销售额中是一个亮点[1]。

---

[1] Simba Information：Open Access Articles Grow at Twice the Rate of All Published Research [EB/OL]. (2016-11-20). [2019-02-15]. http://www.prnewswire.com/news-releases/simba-information-open-access-articles-grow-at-twice-the-rate-of-all-published-research-300340548.html.

目前，OA 数字学术期刊资源中，最有影响力的是 DOAJ（Directory of Open Access Journal），由瑞典的隆德大学图书馆（Lund University Libraries）在 2003 年 5 月设立。最初，DOAJ 仅收录期刊 350 种，截至 2016 年 10 月，DOAJ 已收录了 9 172 种期刊，其中，能获取全文的期刊有 6 419 种，遍及 128 个国家和地区，文献 2 328 783 篇[1]。辛巴公司预计这个数字还将继续增长，并将在 2020 前达到 300 万篇。

(3) 数字图书

据著名统计机构 Statista 资料显示，电子书市场比较疲软，甚至一项研究表明，在 2017 年，电子书约占欧洲所有图书销售的五分之一。

根据 2016 年英国出版商协会统计，2016 年英国图书业（纸质和数字）收入达到 35 亿英镑，同比增长 5.9%，其中纸质书收入增长 7.6%，而数字书收入却下降 2.8%，数字图书销售目前占英国出版商数字和纸质书总销售的 15%，比 2014 和 2015 年下降 17%。英国图书业总体收入都在上涨的同时数字书的销售却出现了下滑[2]。

2016 年德国电子书销售收入只占图书市场收入的 5.2%，这个数字较 2015 年略有下降。具体如图 3.6 所示。

a. 大众出版

电子书销售是最普遍的大众出版商业模式[3]。欧洲大多数图书爱好者都比较忠实于印刷图书，纸质图书是欧洲最受欢迎的阅读方式。

---

[1] Directory of Open Access Journals［EB/OL］. (2014 - 12 - 18)［2019 - 02 - 15］. https：//doaj. org/.
[2] PA publishing yearbook［EB/OL］［2019 - 02 - 15］. https：//www. publishers. org. uk/resources/uk - market/pa - publishing - yearbook.
[3] 张桂枝. 浅述英国数字出版的实践经验［J］中国编辑，2017 (5)：69 - 72.

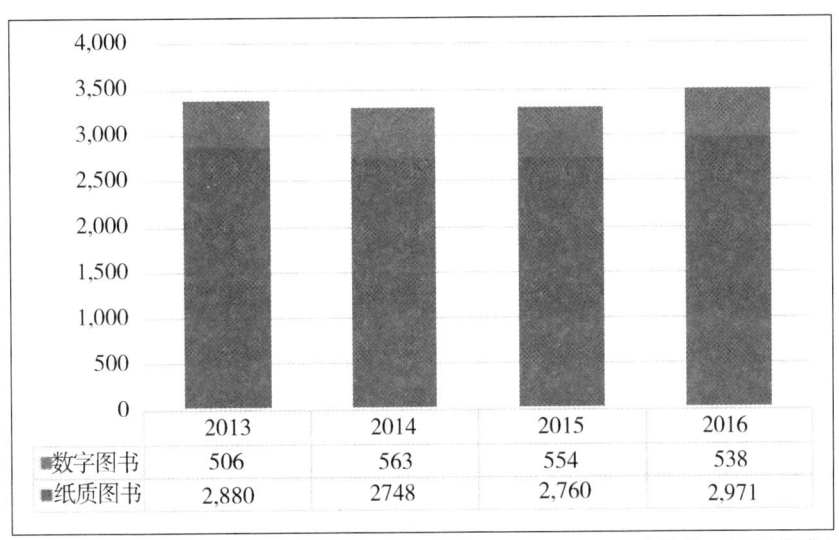

第三章 国际数字出版发展状况

	2013	2014	2015	2016
■数字图书	506	563	554	538
■纸质图书	2,880	2748	2,760	2,971

（单位：百万英镑）

图 3.6　英国出版商纸质书和数字书销售总额

数据来源：PA 统计年鉴 2016

b. 教育出版

出版业最重要的市场部门是教育，即学校、学院、大学、培训班等材料的生产。当今世界最大的出版商是教育出版商。在数字出版时代，教育媒介由纸张到屏，出版形态发生了变化，竞争的激烈程度丝毫未减，国际出版大鳄纷纷出手，发力在线教育业务[①]。例如，英国的培生集团，早在 1998 年就开始收购在线学习公司，依托网络教学平台，提供数字化产品服务，通过在线学习模式获取丰厚收益。

c. 专业出版

数据库出版是专业出版的主要形式之一。数据库拥有海量的内容资源，为用户提供信息与服务，它的主要使用人群是高校以及科研机构的人员，通过高校以及科研机构的付费购买获得盈利。如德国的施普林格

---

① 张桂枝. 浅述英国数字出版的实践经验［J］中国编辑，2017（5）：69-72.

出版公司，它在1996年就正式推出了全球第一个电子期刊全文数据库SpringerLink，并不断对其数据库进行完善，在传统出版商纷纷向数字出版转型的国际出版格局中，施普林格能够遥遥领先，呈现良好的业务发展态势，得益于建立了以数据库为基础的成熟的专业化数字出版模式①。

3. 互联网与移动媒体

（1）手机出版

自从手机被创造以来，人与人之间交流的方式获得巨大改变，手机在生活中扮演着基础的角色，从基础的拨打电话功能到工作联系，如快速地分享文件或发送邮件。

在过去的几年中，智能手机技术得到快速发展，智能手机比以前有了更多的功能。随着手机行业的发展，智能手机的消费也在增长。

欧洲的智能手机市场毫无例外也是增长的。有些国家在智能手机普及率方面处于领先位置。例如，英国，在2015年智能手机的普及率已经达到66.07%，法国预计到2018年智能手机的普及率将达到73.02%②。

随着手机技术的发展以及智能手机的普及，手机出版在数字出版产业中所占的比重也在不断上升，手机小说、手机游戏、手机app等都是手机出版的重要形式。

手机游戏占手机使用的一大部分，据Statista预计，欧洲2018年"移动游戏"部分的收入将达4528亿美元。收入预计将显示出5.4%的年增长率（2018－2022年），将在2022年达到55.81亿美元的市场销

---

① 代杨，俞欣. 施普林格：从传统出版向数字出版跨越的策略分析［J］出版发行研究，2008（10）：11－14.
② Smartphone market in Europe ［EB/OL］（2017）. https：//www.statista.com/topics/3341/smartphone－market－in－europe.

量。2018年的用户普及率为25.1%，预计2022年将达到27.8%①。具体如图3.7所示。

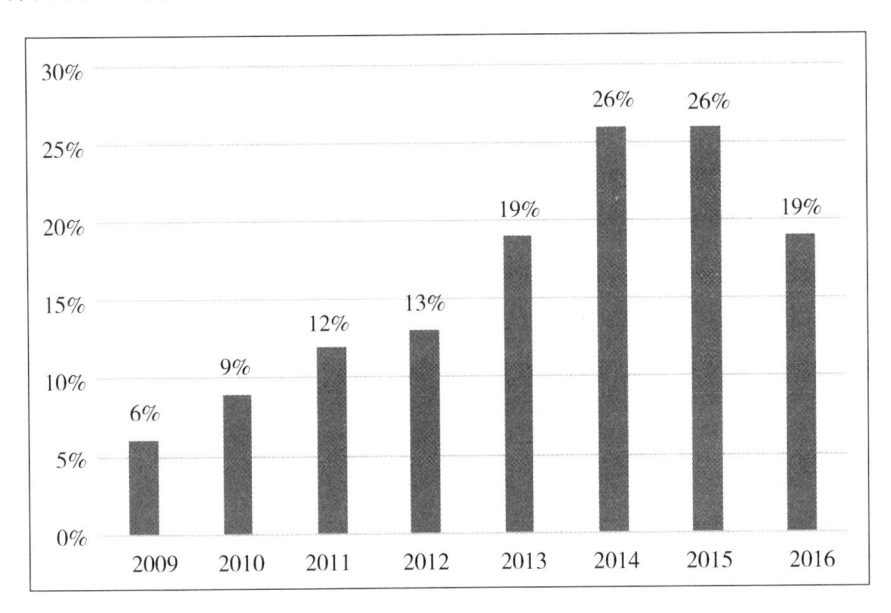

图3.7 2009至2016年间在英国通过智能手机玩视频游戏的受访者比例

数据来源：https://www.statista.com/statistics/300498/mobile-gaming-in-the-united-kingdom/

在手机的各种应用中，绝大多数都是手机app的使用，大概超过所有手机使用时间的80%②（图3.8）。各种各样的手机app层出不穷，各种专业的app更是满足了人们对手机使用的需求。人们使用手机所进行的活动大多通过app实现，如看书、听歌、打游戏、看视频等都有专门的app。

由以上数据分析可以看出，手机使用在日常生活中占很大一部分，

---

① Mobile games [EB/OL] [2019-02-15]. https://www.statista.com/outlook/211/102/mobile-games/europe.
② Global digital future in focus [EB/OL] [2019-02-15]. https://www.comscore.com/Insights/Presentations-and-Whitepapers/2018/Global-Digital-Future-in-Focus.

所扮演的角色也越来越重要,人们花费在手机上的时间也越来越长。由于这些原因的驱动以及手机技术的不断发展,手机出版的发展越来越快,在数字出版产业中所占的比重也将不断提高。

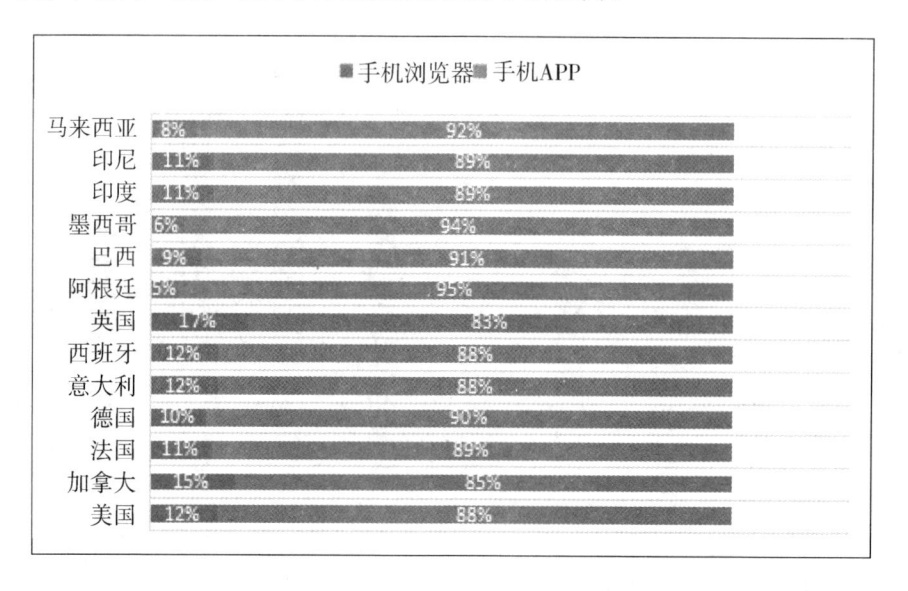

国家	手机浏览器	手机APP
马来西亚	8%	92%
印尼	11%	89%
印度	11%	89%
墨西哥	6%	94%
巴西	9%	91%
阿根廷	5%	95%
英国	17%	83%
西班牙	12%	88%
意大利	12%	88%
德国	10%	90%
法国	11%	89%
加拿大	15%	85%
美国	12%	88%

图 3.8　APP 占手机时间的 80% 以上

数据来源:https://www.comscore.com/Insights/Presentations-and-Whitepapers/2018/Global-Digital-Future-in-Focus-2018

(2)有声书

由于消费者越来越多地转向科学技术提供的娱乐活动,印刷书市场近年来一直在苦苦挣扎。传统图书市场和新的技术之间的一个中介桥梁便是有声读物。欧洲的有声书市场成为图书市场一个比较新的趋势。

英国《书商》杂志 2017 年 10 月做的名为"数字化调查"(Digital Census)的年度数字转型分析报告指出,2016 年英国的有声书收入迅速增长。报告显示,英国出版商有 62% 的收入来自纸质书,33% 来自数字图书,5% 来自有声书。25% 的出版商表示,增长最快的业务是有声产品,还有许多出版商虽然没有从有声产品直接赢利,但是通过向有声书出版商或其他没有有声书版权的出版商授权也获得了收益[①]。在德国，有声书是零售业最热的一个类别，过去一年里有近500万顾客买过有声书，占德国总人口的7%[②]。

至于有声书销量逐年递增的原因，如听有声书适合长途旅行；可以使人放松；阅读起来更有趣；让儿童听有声书，有助于让儿童提高注意力，同时帮助儿童提高他们的阅读技巧。归根到底都是有声书的出现更加方便了人们的生活，使人们可以享受科技带来的便利。

（3）数字广告

随着互联网的普及和数字平台的日益普及，数字广告已经成为广告的重要形式之一。预计未来数年全球数字广告收入将快速增长。欧洲的数字广告市场在过去的几年中也获得了进一步的发展。2016年欧洲在线广告比2015年增长了12.3%。在2017年的全球比较中，英国、德国和法国是世界上排名最大的在线广告市场，数字广告收入分别是117.2亿美元，73.7亿美元和51.3亿美元。

在英国，数字广告支出在2007至2015这8年间增加了近50亿英镑，从28.1亿英镑增长至77.1亿英镑，付费搜索和图片广告是其中增长最快的数字广告形式。2017年10月，英国IAB透露，英国的数字广告市场总价值56亿英镑，同比增长14%[③]。具体如表3.3所示。

[①] 英国有声书：沉睡的巨大市场［EB/OL］（2017－11－28）［2019－02－15］.http://www.cepmh.com/2017/1128/1216.shtml.
[②] 有声行业产业链及盈利模式观察［EB/OL］（2016－02－18）［2019－02－15］.http://www.chuban.cc/szcb/201602/t20160218_172451.html.
[③] Viewability Report［EB/OL］（2018－03－01）［2019－02－15］.https://www.abc.org.uk/images/Viewability_Report.pdf.

表 3.3 英国互联网发展数据（2010–2017 年）

项目	2010	2011	2012	2013	2014	2015	2016	2017
数字广告支出（亿英镑）	48	54	60	66	76	92	103	n/a

数据来源：Ofcom 2017

在德国，2013 年至 2016 年之间数字广告的收入也在不断上升，从 2013 年的 14 亿欧元增加到 2016 年的 17.85 亿欧元。具体如图 3.9 所示。

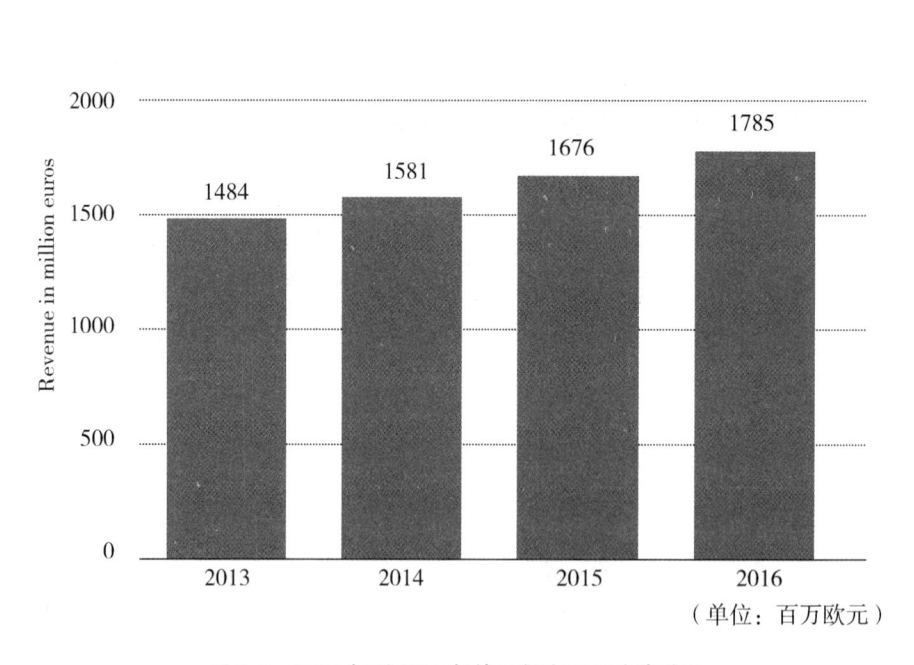

图 3.9 2013 年到 2016 年德国数字显示广告收入

https://www.statista.com/statistics/430005/digital-display-revenue-germany/

3.2.2 存在问题

1. 传统文化的制约

欧洲国家大多有着悠久的历史和深厚的文化底蕴，历来注重保护自己的传统文化，这一方面有助于保护本国的传统文化免受别国文化的侵扰，而另一方面，正是由于这样的原因，使得数字出版的发展比较缓慢。

作为老牌资本主义国家之一，法国历史悠久，文化深厚，尤其重视文化修养，有独特的爱书情结，长期形成的阅读习惯和浪漫情怀，使读者更钟情于纸质图书，他们经常到书店选择一本装帧精美的图书作为礼物送给亲朋好友。这些观念的存在，使得电子书的出版发行受到影响，也给数字阅读观念的推广造成了阻碍。此外，早在1993年法国就出台了"文化例外"政策，对智能手机、平板电脑及其他所有互联网设备征收1%的销售税。这种政策有利于法国文化不受海外市场的影响，但一定程度上确实对数字出版产生了一定影响，使得数字出版产业发展缓慢。

德国人一向以严谨著称，这种严谨的态度，使得他们在工业制造方面以精湛的工艺为世界所称赞，同时，正是由于他们的严谨，一开始便对数字出版持谨慎小心的态度，数字出版开始的时间较晚。

受传统文化观念的影响制约，欧洲数字出版产业的发展并非一帆风顺，在一定程度上受到了阻碍。这使得欧洲数字出版产业的发展在最开始的时候就落后于美国，并在此后的发展过程中一直受到美国的影响。

2. 政策法律的制约

正是由于受到传统文化的影响，使得欧洲国家对数字出版产业的发展小心谨慎，并在法律政策的层面，给数字出版产业的发展做出了规范。

（1）增值税方面

在法国，电子书和纸质书的增值税相同，为5.5%。起初电子书在法国被视为一种增值服务，属于服务业，不是图书，电子书的增值税因此高达19.6%。后来法国为了加快数字出版产业的发展，下调了电子书的增值税，使电子书和纸质书的增值税相同。而这与欧盟明确禁止成员国降低电子书增值税的规定相冲突。法国是欧盟第一个选择降低电子书增值税的国家，由于违反了欧盟禁止降税的规定，接受了欧盟委员会的调查。这在一定程度上阻碍了电子书的发展，从而影响了数字出版产业的发展。

在德国，电子书的增值税为19%，而纸质书的增值税为7%，根据欧盟的规定，德国并没有下调电子书的增值税，这种差别对待，在一定程度上也阻碍了电子书的发展。

在英国，一直以来让图书业觉得不公平的是对电子书征收的税率高达20%，而纸质书却享受增值税零税率。只有降低电子书的增值税，才能使欧洲各国的电子书产业得到进一步的发展，从而推动数字出版产业的发展。

受欧洲各国传统文化的影响，一开始便对数字出版产业的发展持谨慎态度，数字出版的开始就比较晚，在数字出版产业发展过程中，只有降低对电子书的增值税的征收力度，给电子书出版一个公平的对待，为数字出版产业的发展营造一个良好的氛围，才能使欧洲各国的数字出版产业获得长足的发展。

（2）电子书定价方面

在法国，自2011年起，就开始实施了参照纸质书定价规则的电子书统一定价法案，该法案规定在法国市场出版的电子书实行单一的零售价格，即电子书的销售商在不同的销售渠道（智能手机，网络，平板电脑等）都要按照法律维持出版者的统一定价。这就使得电子书的定价过高，与纸质书相比就没有了价格优势，加上他们本来就比较偏爱纸质书，这样一来，使得消费者购买电子书的欲望不足，不利于电子书市场的发展。

在德国，据《限定图书价格法》，德国一直实行书价统一制度。这一制度已延伸到电子书领域，即所有上架新书一律统一标价，无论是在大型书店、小型书店还是网上书店，新书发行的前18个月价格统一，电子书的价格与该书精装本的价格相同。这样的政策，有利于保护德国本国的图书市场，同时也保护了小型书店的经营，但是电子书的价格与该书精装本的价格相同，这一点使电子书在德国图书市场上很难占有优势，阻碍了电子书的发展以及电子书市场的增长，从长远来看，也在一定程度上阻碍了数字出版产业的发展。

一定程度上来说，电子书由于不使用纸质载体，正是定价方面的优惠才使得电子书在与纸质书的竞争中处于有利位置，而欧洲国家大多对电子书的定价过高或与纸质书定价相同，这种定价方式不利于电子书的发展，只有在定价政策方面给予电子书以一定的政策优惠，才会加大人们对购买电子书的欲望，促进电子书市场的发展，从而在一定程度上推动数字出版产业的发展。

3.2.3 发展趋势

1. 数字化程度将进一步加深

欧洲各国数字出版产业的发展离不开欧盟的支持，2014年开始，欧盟委员会就投入14.6亿欧元开始实行了"创意欧洲"项目，"创意欧洲"项目是欧盟更宏大的10年期"欧洲2020"计划中的一个文化项目，主要是落实"欧洲2020"计划中"创新型欧洲"的举措，"创意欧洲"资助的项目分为三类：文化项目、媒体项目和跨界项目。其中，文化项目占比30%，媒体项目占55%，而跨界项目占15%。在"创意欧洲"项目的资助与扶持下，欧洲各国的数字出版产业将得到进一步的发展，数字化程度也将进一步加深。

随着互联网技术以及信息技术的发展,数字化越来越成为出版产业发展的趋势,为了应对全球出版产业数字化的浪潮,欧洲各国都制订了本国的数字化计划。如法国适时地提出了"数字化法国"的发展战略,在保护传统文化的基础上,积极发展数字化文化产业,"文化数字化"已经成为法国发展文化产业的核心策略,更为法国出版业的数字化转型提供了战略指导。

欧洲各国的数字化战略再加上欧盟委员会"创意欧洲"等项目的扶持,这一切都有利于欧洲各国出版产业的数字化发展。

2016年6月23日,英国举行了脱欧公投,决定脱离欧盟,英国脱离欧盟的行为,使英国从欧盟得到的资助锐减或取消,势必会给英国数字出版产业带来一定的影响。2017年,英国文化、媒体和体育部发布《英国数字化战略》,旨在通过一流的数字化基础设施、先进的技能培训和有效的监管,确保英国成为开展先进研究,试验新技术以及发展数字化业务的绝佳之地。这项战略主要包括七大方面,分别是:打造世界一流的网络基础设施;使公众掌握所需的数字化技能;让英国成为数字化业务发展的绝佳之地;帮助英国企业顺利实现数字化转型;提供全球最安全的网络空间环境;确保英国电子政务的全球领先地位;以及释放数据的经济潜能。

无论是各国的数字化战略,抑或是欧盟的扶持项目,这一切都为欧洲各国的数字出版产业的发展提供了支持与鼓励,相信在这些支持与鼓励下,欧洲各国的数字出版产业的数字化程度都将进一步加深,从而推动欧洲各国的经济发展。

2. 大数据、云计算助力数字出版产业的发展

科学技术的发展促进数字出版产业的发展。目前,数字出版产业从创作、生产到传播、消费等各个环节几乎都实现了与数字技术的结合。近年来,大数据、云计算等新的科学技术层出不穷,这都将为数字出版产业的发展注入新的动力,使数字出版产业的发展更上一层楼。有效利

用大数据的能力使数字出版企业能够做出更快、更明智的决策,并改进短期和长期战略规划。

英国《书商》网站"未来图书"在线论坛就数字时代如何吸引消费者的注意力、如何用数据提高图书销售、如何避免云计算的数据过于片面并使消费者阅读视野更广、如何利用元数据拉动销售等问题进行了探讨。首先,大数据收集了人类消费行为的海量数据,使得出版商可以根据大数据中的消费者行为和用户阅读反馈调整出版内容,逐渐适应每位读者的个性化需求,让读者对阅读保持持续的兴趣,这为出版商提供了新的市场契机;其次,大数据还可以根据用户的需求进行个性化开发,将个性化与大众化的信息进行整合,让读者选择阅读内容的比例、顺序和内容组合的方式,对鼓励读者数字阅读也有推动作用;再次,出版商可以利用大数据针对用户的阅读习惯进行推送服务,这也将进一步满足读者对个性化、定制化的需求。

大数据,云计算等新的科学技术的应用不仅为出版商提供了新的市场契机,满足阅读用户的个性化需求,也为数字出版产业的发展注入了新的动力、将进一步助力数字出版产业的发展。

3. 数字化发展促进学术期刊功能转型,平台化发展成为趋势

数字化改变了人们获取学术资源的方式。读者获取学术资源的方式从传统的"期刊—论文"向"数据库—论文"变化,学术成果的呈现越来越依赖于可检索、可见,促使期刊加入各种大型数据库平台。同时,为了使数据更为全面,使自身更具有竞争力,国际上大型出版集团纷纷通过并购等方式,扩大自身数据资源,将重要的学术期刊尽量大范围地搜罗在自己的数据库中。如爱思唯尔收购帕加蒙出版社(Pergamon Press)、北荷兰出版社(North - Holland Publishing Co.)、美国学术出版社(Academic Press),施普林格(Springer)收购博思软件(BMC)等。

在传统的期刊管理中,ISSN等国际标准编号及其条形码,是期刊的身份标识,使期刊得到有效的管理。学术期刊数字化后,由于链接经

常出现失效,可能导致文献无法查找。国际 DOI 基金会(International DOI Foundation)对期刊、图书、会议记录等进行标识,相当于网上学术资源的条形码。同时,通过 DOI 系统及其应用系统 CrossRef,读者在任何一个文献检索平台可以实现链接。数字出版物引入 DOI 有利于长久保存和唯一识别。目前,CrossRef 上有近 7 000 万条学术内容,是网上最大的开放式参考文献链接服务系统。

4. 人工智能加速数字出版产业创新

人工智能指的是智能硬件或软件的创造,能够复制"人类"的行为,例如学习和解决问题,是计算机科学的一个领域,几十年来,人工智能一直是人们想象和科幻电影的主题。

人工智能已经成为人们日常生活的一部分,蓬勃发展的人工智能与数字出版产业的结合只是一个时间早晚的问题,人工智能应用于数字出版产业,将有效促进数字出版产业更新产品形态,改变内容生产的方式,驱动数字出版产业跨界融合。

首先,人工智能可以直接应用于数字出版产品,如支持人工智能的数字产品,数字内容的载体发生改变等;其次,人工智能的应用可以促进数字内容生产方式的转型,如以"人机结合"的方式完成数字内容的生产;再次,人工智能将促进数字出版企业跨界融合,伴随着人工智能与各行各业及人们生活联系得越来越紧密,人工智能时代数字产业跨界融合的趋势将更为明显①,如英国 BBC 公司的知名节目"今日"邀请人工智能主播主持对公众人物的采访,则是跨界融合的典型事例。

---

① 孙玉玲:人工智能时代数字出版产业发展前瞻[J]出版参考,2017(9):13-15.

3.3 北美数字出版产业发展状况

3.3.1 发展现状

1. 整体规模

据 Statista 统计,全球数字出版(这里包括电子书、数字期刊、数字报纸三种数字出版种类)2016 年市场规模达到 153 亿美元,占全部数字媒体市场的 18.2%,其中美国电子书、数字报纸、数字期刊等数字出版收入达到了 72 亿美元,占全球电子出版市场的 47.3%[1]。加拿大 BookNet 机构发布《数字出版报告》(The State of Digital Publishing)显示,加拿大 2016 年包括电子书和有声书在内的数字出版收入占其出版总收入的 17%,比 2015 年下滑了 2 个百分点[2]。根据美国产业动态追踪机构(NPD)和娱乐软件协会(ESA)的数据追踪显示,2016 年美国游戏产业全年总收入为 304 亿美元,并且美国游戏市场占据北美游戏市场 90% 以上。据 Newzoo 报告,2016 年美国移动游戏市场规模为 68 亿美元,在游戏市场占比 27%,2017 年继续增长。据 IFPI 发布的数据显示,2016 年北美地区音乐收入增长 7.9%,数字音乐收入增长了 16.5%,数字音乐(包括数字下载和流媒体音乐)总收入 57 亿美元。作为全球最大的录制音乐市场的美国 2016 年录制音乐收入 77 亿美元,增长 11.4%,这种增长主要推动力是付费流媒体音乐订阅的增加。美

---

[1] Media and entertainment sector worldwide 2016 [EB/OL]. [2019 – 02 – 15]. https://www.statista.com/study/48678/media – and – entertainment – sector – worldwide – 2016/.

[2] Infographic:The State of Digital Publishing in Canada 2016 [EB/OL]. (2017 – 06 – 05) [2019 – 02 – 15]. https://www.booknetcanada.ca/blog/2017/6/5/infographic – state – of – digital – 2016.

国在线教育在经历了 2016 年投资低潮后，2017 年发生了 126 起融资事件，总共获得超过 12 亿美元的投资。而加拿大被评为世界上受教育程度最高的国家，人们获得教育的方式是非常丰富的，在线教育产业发展稳定。2016 年美国数字广告收入达 725 亿美元①，与 2014 年的 495 亿美元和 2015 年的 596 亿美元相比有明显增加。同时 MAGNA 预计未来美国数字广告将会上涨；虽然北美地区的电子书出版市场达到饱和，但是互联网期刊、互联网报纸依然保持着稳定增长。数字音乐收入在音乐市场上的占比越来越大，北美音乐市场在经过十多年的下滑后，近几年在数字音乐产业强大的推动力下，收入开始增长。网络游戏和数字广告的发展势头也较为明显。具体如图 3.10 所示。

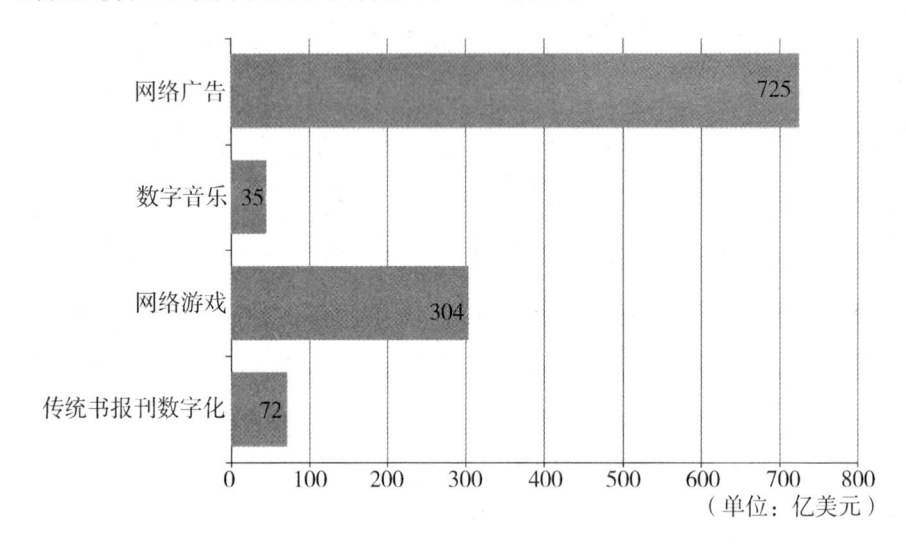

图 3.10　2016 年美国数字出版产业收入概况

数据来源：根据 Statista 统计加以整理而成

---

① Mobile Captures More Than Half Of All U. S. Internet Advertising Revenue For The First Time Ever, Total Digital Ad Spend Hits a Landmark ＄72.5 Billion in 2016 ［EB/OL］. (2017 – 04 – 26) ［2019 – 02 – 15］. https：//www. iab. com/news/internet – advertising – revenue – first – time – ever – total – digital – ad – spend – hits – landmark – 72 – 5 – billion – 2016/.

(1) 传统书报刊数字化占比

在互联网时代，全球的传统书报刊行业都遭受了巨大的冲击，人们开始转向网络阅读，使得以纸质类书报刊的消费者大量流失，网络阅读方式开始与传统书报阅读分庭抗礼，在这种背景下传统出版业开始顺应时代潮流，进行传统书报刊的数字化出版。据数据统计互联网公司 Statista 发布的全球数字出版领域报告，美国 2016 年数字出版市场收入达到 72 亿美元，占全球数字出版市场的 47.3%，这里的数字出版市场只包括电子书、数字期刊和数字报纸。根据美国出版商协会（Association of American Publishers，简称 AAP）2017 年 6 月发布的年度数据显示，2016 年美国图书和期刊出版社销售总额为 142.5 亿美元，纸质图书销售 71 亿美元[1]。可以看出，2016 年美国电子书、数字期刊、数字报纸在传统书报刊中的占比达到了 50.3%。虽然与前几年相比有所下降，但仍然具有优势。具体如图 3.11 所示。

值得注意的是美国电子书收入在 2014 年达到最高峰 160 亿美元后开始回落，2015 年为 140 亿美元，2016 年为 110 亿美元。同时美国纸质书销售册数增加，2016 年比 2015 年多销售 0.22 亿册，达到 6.74 亿册，连续三年纸质书销售册数增加，对于这一现象，一种解释是读者发现了纸质书的好处，另一种解释是电子书定价的提高导致读者转向纸质书。

(2) 新型板块发展规模

数字出版除了传统书报刊的数字化外，还有网络游戏、在线音乐、数字广告、在线教育等。2016 年，美国网络游戏收入 236 亿美元，远超传统图书和期刊出版的数字出版收入。在美国音乐 77 亿美元的收入

---

[1] Book Publisher Trade Sales Flat for 2016 [EB/OL]. (2016-06-15) [2019-02-15]. http://newsroom.publishers.org/aap-statshot-book-publisher-trade-sales-flat-for-2016/.

（单位：亿美元）

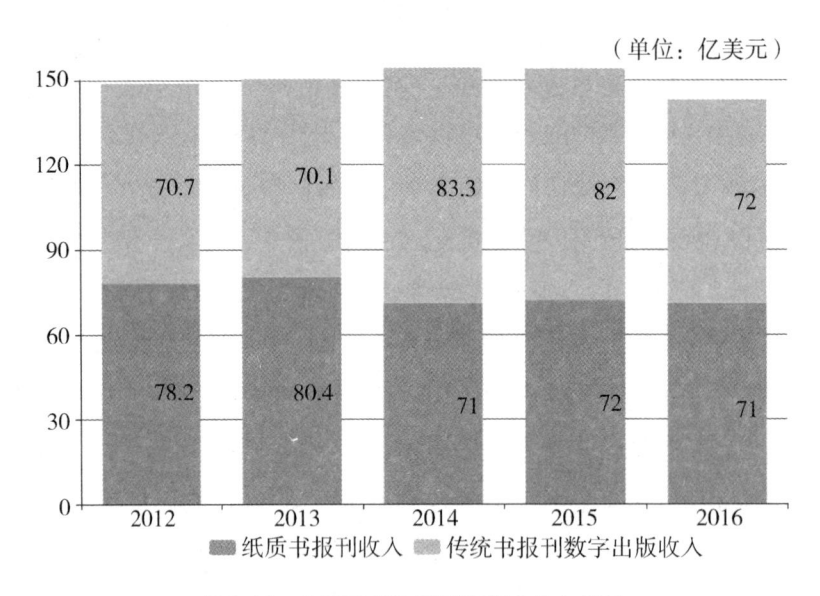

图表数据：
- 2012：纸质书报刊收入 78.2，传统书报刊数字出版收入 70.7
- 2013：纸质书报刊收入 80.4，传统书报刊数字出版收入 70.1
- 2014：纸质书报刊收入 71，传统书报刊数字出版收入 83.3
- 2015：纸质书报刊收入 72，传统书报刊数字出版收入 82
- 2016：纸质书报刊收入 71，传统书报刊数字出版收入 72

图 3.11　美国图书和期刊出版业收入情况

数据来源：美国出版商协会 2012—2016 报告

中，大型流媒体音乐营收占到了 51.4%，音乐音频流媒体播放量与 2015 年相比上升了 82.6%。2015 年，美国唱片业收入 70 亿美元，流媒体音乐服务和数字音乐下载服务收入贡献了 68.3%[1]。美国数字广告收入（图 3.12）从 2011 年到 2016 年一直保持着较高增长速度。

就在线教育行业而言，2016 年，有 11 家教育公司在美国股市公开上市，这些公司的总市值规模超过了 10 亿美元，虽然和前面几大类数字产业市场规模相差巨大，但是其有巨大的发展空间。根据 GSV Capital 的预计，在未来的 10 年，教育行业的市场规模将达到万亿美元，占到美国 GDP 的 9%—12%，同时，在最近的 3 年里，总共有约 55 亿美

---

[1] News and Notes on 2015 RIAA Shipment and Revenue Statistics [EB/OL]. (2016-05-22) [2019-02-15]. http://www.riaa.com/wp-content/uploads/2016/03/RIAA-2015-Year-End-shipments-memo.pdf.

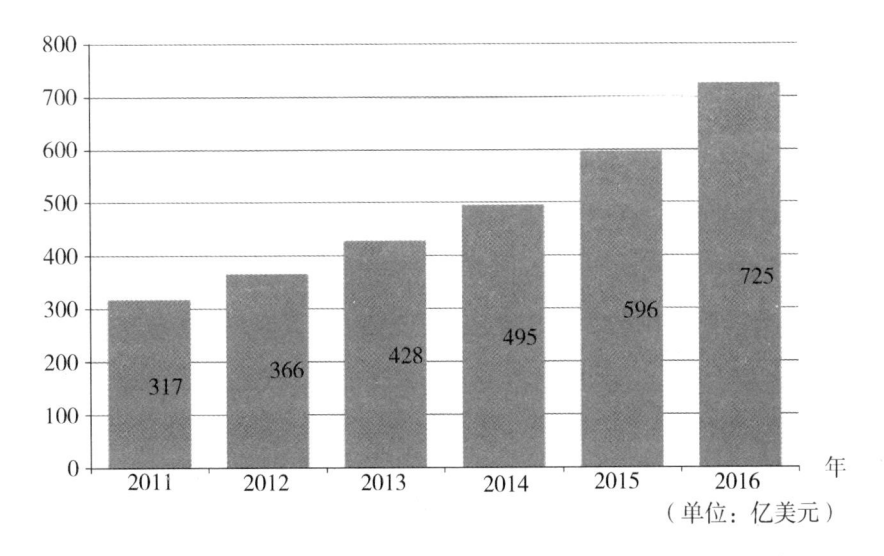

图 3.12 2011－2016 年美国网络广告年收入状况

数据来源：IAB2011－2016 数据整理

元的资金投资到了 450 家教育科技公司①，在线教育发展空间与潜力明显。

可以看出，在数字出版产业中，网络游戏、数字广告已经成为主力军，在线教育将继续保持高增长发展速度。

（3）用户规模

美国数字出版产业用户人数占比庞大，在阅读方面，2016 年 28% 的美国人阅读电子书，纯数字读者达到 0.19 亿人，占美国总人数的 6%②；在游戏方面，2016 年美国娱乐软件协会（ESA）报告称在 3.2 亿的美国人口中，游戏玩家总数约有 1.8 亿，移动游戏玩家约有 1.6 亿。在加拿大，游戏公司从 2013 年的 143 家猛增至 2016 年的 472 家游

---

① 美国教育行业规模将达万亿美元，占 GDP 的 9－12% [EB/OL]. (2016－06－22) [2019－02－15]. http：//www. sohu. com/a/85049139_ 111782.

② Book Reading 2016 [EB/OL]. (2016－09－01) [2019－02－15]. http：// www. pewinternet. org/2016/09/01/book－reading－2016/.

戏公司,游戏从业者达到2.1万人;在在线教育方面,2013年美国在线教育注册用户数就达到了710万①;在高等教育领域,2014年有280万人通过远程教育方式学习所有高等教育课程,占到了高等教育总人数的14%②;在线音乐方面,以美国拥有最多付费用户的Spotify为例,Spotify的月活跃用户过亿,并拥有超过5000万的付费订阅用户。Spotify,Apple,Pandora和YouTube等大型流媒体音乐平台集中了美国绝大多数在线音乐用户。

2. 数字新闻出版业

(1) 数字报纸

在互联网时代,传统纸媒的销售经历了断崖式下滑,传统纸媒行业遭受到巨大的生存危机。在这种情况下,传统纸媒必须顺应时代的步伐,探索一种全新的发展模式。电子报纸是传统纸媒进行网络转型的早期尝试,最初由美国《哥伦布电讯报》于1981年推出,目前已经由早期简单的照搬纸质报纸内容,发展为成熟的数字报纸,比如添加了直接版面阅读,标题、版面和日历导航等功能,内容方面也是专业新媒体采编人员进行编辑,使数字报纸的可读性越来越高。如《纽约日报》的纯数字版的读者规模超过了100万人,2015年来自纯数字版读者的收入超过2亿美元;《华尔街日报》的数字订阅用户到2016年底已达到100万。美国全国有各类报纸11000家,大多数报纸都进行了数字化转型,甚至有些报纸已经停止发行纸质报纸,转为只发行数字报,如《西雅图邮报》等。

2015年美国传统纸媒发行量和收入呈下降趋势,平均发行量下降

---

① Grade Change Tracking Online Education in the United States [EB/OL]. (2014-01) [2019-02-15]. https://www.onlinelearningsurvey.com/reports/gradechange.pdf.
② ONLINE REPORT CARDTRACKING ONLINE EDUCATION IN THE UNITED STATES [EB/OL]. (2016-02) [2019-02-15]. http://www.onlinelearningsurvey.com/reports/onlinereportcard.pdf.

9%，收入相比2014年下降8%。在这种背景下，纸媒数字化转型速度再次加速，数字收入不断增加，比如《华尔街日报》《金融时报》等报纸通过"付费墙"的方式对数字报纸电脑端和移动端的访问进行收费，增加报纸收入。截至2017年，美国发行量超过5万份的98家报纸中有77家使用数字付费订阅模式，占美国报纸总数的78%[1]。目前美国报业发展方向较为明确，重点放在数字报纸的发展上，拓展数字订阅用户。同时美国报业100强中有96家报业已采用RSS技术，通过全媒体记者生产数字化新闻内容，各部门资源整合，经过多种终端向受众呈现新闻内容，包括文字、图片、视频等。但也值得注意的是，很多小报因为没有优秀的新闻报道和数字化转型机会，其结果势必走向关闭。

（2）数字杂志

目前，美国创刊50年以上的杂志有180多种，美国杂志媒体协会将杂志媒体受众（也称为读者）接触的版本分为4种："纸质+数字"（print + digital editions）版、互联网（web、PC机或者笔记本）版、移动互联网（mobile web）版、视频（video）版，美国受众每月平均接触杂志版本的叠加数量为17.31亿[2]。

（3）数字图书

2016年，美国电子书收入达53亿美元，占全球电子书市场的49%。皮尤研究中心的调查发现，越来越多的美国人在平板电脑和智能手机上阅读电子书，但纸质书仍然比电子书更受欢迎。2011年到2015年美国电子书的读者从17%上升到了28%，但最近两年里没有变化，

---

[1] WILLIAMS T A. Experiments and future models for digital news subscriptions [EB/OL]. [2019-02-15]. https://www.americanpressinstitute.org/publications/reports/digital-subscriptions-future/.

[2] 吴保平，刘向军. 2014-2015年美国杂志媒体受众市场分析 [J]. 出版参考, 2015 (12): 19.

远低于65%的至少读过1本纸质图书的美国人①，2016年纸质图书的收入增加，而电子书的收入下降，电子书市场发展到一个平台期。美国主要数字图书的销售商是亚马逊、巴诺书店和苹果公司，他们对美国数字图书的繁荣有巨大的推动作用。与电子书停滞不同的是，美国有声书产业蓬勃发展，其发展势头直追电子书。从2011年开始，有声书产业销售额连续5年增长，被《华尔街日报》称为"增长最快的出版物格式"。2011年有声书销售额约为10亿美元，到2016年销售额达22.3亿美元，增长率也是逐年攀升（图3.13）。从有声书的销售数量来看，其增长势头非常迅猛。2014年有声书销量比2013年增长了19.5%，2015年增幅更是高达24.1%。2011年时，北美的有声读物数量只有7237种，而2015年时，有声读物数量已经上升到35574种。

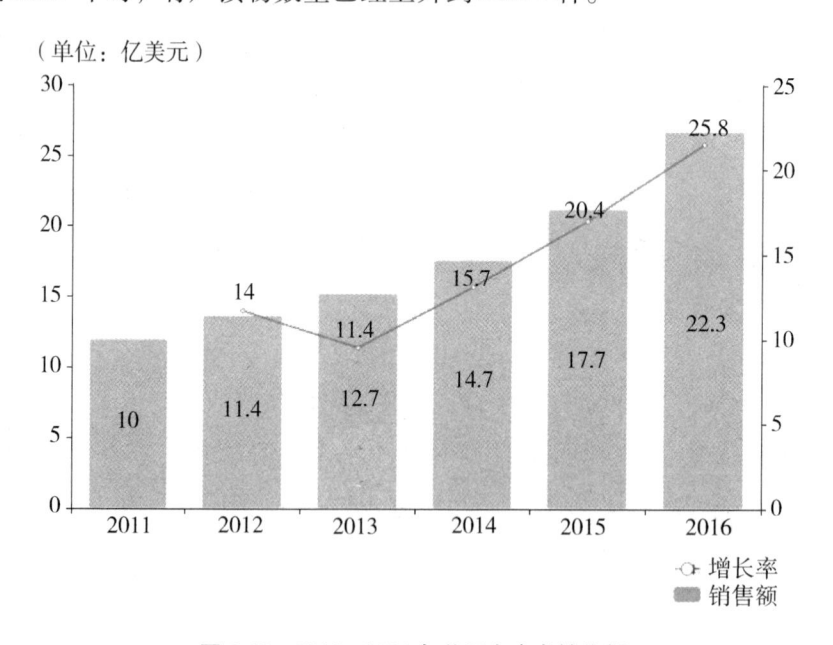

图3.13　2011—2016年美国有声书销售额

数据来源：根据APA 2011—2016年发布的有声书年度报告整理

---

① Book Reading 2016［EB/OL］.（2016-09-01）［2019-02-15］. http://www.pewinternet.org/2016/09/01/book-reading-2016/.

a. 大众出版

美国的大众出版主要包括成人图书、儿童图书和宗教图书,据美国出版商协会统计的1207个会员数据来看,2016年大众出版纸质书收入有所增长,有声书收入2016年与2015年相比增长了25.8%,但是电子图书收入下降了15.6%[①]。

b. 教育出版

大学教材和Prek-12(幼儿至高中教材)的整体收入较2015年分别下降了13.4%和9%,金额分别为36亿美元和28亿美元。美国的在线教育出版在很大程度上是为了推销纸质书,因为老师和学生对传统纸质图书依然存在依赖感,纸质图书比其他介质的图书能更让人集中注意力,更有参与感,让学生更好地学习。而学生练习书方面,数字图书则更好,电子练习册、数据库等可以反复练习,数字化工具丰富,批改方便。目前美国教育出版集团在数字出版方面的商业模式主要有以下6种类型:一是在线课程,使用视频、音频等多媒体技术使学生可以在线学习;二是家庭作业管理;三是在线测试,利用所开发软件系统对学生学习的结果进行测试,并发现学习中的问题;四是电子图书,可以在线下载;五是在线课外辅导;六是虚拟的体验性材料,如情景模拟、教学实验室、做游戏学习等[②]。

3. 互联网与移动媒体

全球互联网使用者中,有8.9%的使用者来自北美,2015年美国高速无线网络覆盖率达到98%,截至2016年底,美国互联网普及率全球最高达到88.5%。

---

① Book Publisher Trade Sales Flat for 2016 [EB/OL]. (2017 - 06 - 15) [2019 - 02 - 15]. http://newsroom.publishers.org/aap-statshot-book-publisher-trade-sales-flat-for-2016/.

② 从美国数字出版现状看出版新趋势 [N]. 文汇报, 2008 - 01 - 20 (006).

(1) 移动出版

北美地区的智能手机和平板电脑等移动媒体的数量飞速上升，移动媒体的便携性、即时性、可支付性功能，使越来越多的人使用移动媒体上网。2015年美国只使用移动设备上网的人数超过只使用桌面电脑的人数，人们花在移动设备上的时间越来越多。北美一直是互联网和数字出版最发达的地区，2016年北美移动互联网日平均活跃用户占比达到70.4%，移动出版发展到现在基本涉及了数字出版的全部领域。在内容方面，包括数字图书、数字广告、在线音乐、在线教育等；在终端方面，有智能手机、平板电脑、电子阅读器等，在美国智能手机拥有量从2011年的35%增长到2015年的68%，平板电脑从2010年的3%上涨到2015年的45%[①]。在盈利方面，移动出版主要有广告和订阅两种盈利模式。美国市场研究机构RJI Research进行的调查显示，有55%受访者使用移动设备阅读新闻。皮尤研究中心2016年报告显示，在2016年美国总统选举中，65%的美国成年人通过数字来源获取选举信息，其中48%的美国成年人通过新闻网站和移动应用获取信息，44%的人通过社交媒体获取信息。

(2) 网络游戏

北美作为全球第二大游戏市场，据Newzoo 2016年发布的数据来看，北美游戏收入规模近260亿，占到全球25%市场份额，预计2017年游戏规模将达到270亿美元，其中，手游规模将达到72亿美元。美国作为北美最大的游戏市场，据Newzoo相关报告显示，美国2014年游戏市场规模为213亿美元，2015年为220亿美元，2016年为236亿美元。3.2亿的美国人口中，游戏玩家总数约有1.8亿，移动游戏玩家约有

---

① 2017年美国及全球的互联网发展趋势、统计数据及事实概况 [EB/OL]. (2017－03－08) [2019－02－15]. http://www.199it.com/archives/561292.html.

1.6亿①。美国网络游戏主要包括主机游戏、PC游戏和移动游戏。其游戏收入具体如图3.14所示。

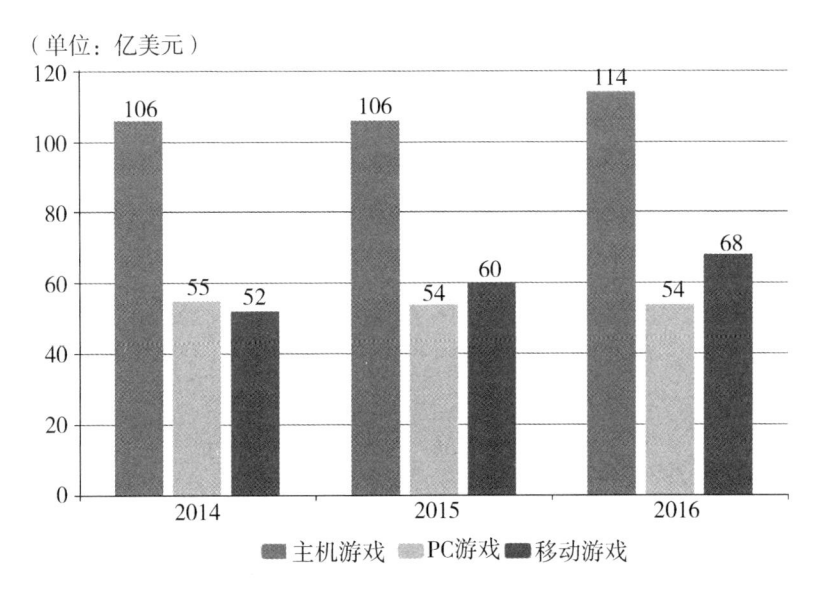

(单位：亿美元)

年份	主机游戏	PC游戏	移动游戏
2014	106	55	52
2015	106	54	60
2016	114	54	68

图3.14 2011–2016年美国游戏分类收入

数据来源：Newzoo发布的2015–2015报告整理

美国三大游戏类别市场收入实现正向加速增长态势。其中2015年比2014年增长3.3%，2016年比2015年增长7.3%。美国主要的游戏和手游开发商有Activision Blizzard、Electronic Arts（简称EA）、Machine Zone、Caesars Entertainment Corporation等。

（3）在线教育

北美地区教育业发展成熟，国际上对北美的教育模式和教师实力普遍认同，同时北美地区对在线教育的探索也走在世界前列。北美外教已经成为衡量在线少儿英语机构实力的重要标准，也是家长选择在线少儿

---

① Global Mobile Market Report：App Market to Gross ＄44.8Bn This Year [EB/OL]. (2016–10–05) [2019–02–15]. https：//newzoo.com/insights/articles/global–mobile–market–report–app–market–to–gross–44–8bn–this–year/.

英语机构的首要条件。在美国，高达88.5%的互联网覆盖率和无处不在的无线网络，使得美国人有充分的条件去接触在线教育，目前美国的在线教育覆盖了学前、大学和成人等所有领域，2014年秋季有280万人选择在线学习方式接受全部高等教育课程。其中48%的人选择公立大学；部分接受高等教育课程的人数为297万，其中85%的选择公立大学。这给美国日趋下降的高等教育毛入学率带来新的利润增长点。就"在线学习对本校的长期战略是否有重要意义"，2015年支持率虽然有所下降但是也达到63.3%。美国在线高中教育，也被称为美国虚拟学校，是指从幼儿园到高中的教育全都通过互联网进行。在线高中是美国目前很流行的一种教育学习模式。美国在线高中课程大致可分为两种模式：以斯坦福在线高中为代表的教学在线化模式，和以可汗学院为代表的K12在线课堂模式①。

4. 在线音乐

据国际唱片业协会（IFPI）发布的《2016全球音乐市场报告》显示，2015年数字音乐收入占总音乐产业总收入的45%，首次超越实体音乐的39%，数字音乐中流媒体的收入增长了45.2%②。2014年，在北美地区，美国音乐市场整体增长了2.1%，数字收入突破35亿美元，美国音乐流媒体消费增长93%，在录制音乐市场的占比为71%，美国2015年到2016年数字专辑和单曲付费下载继续下降，流媒体订阅却上升到76%，这是因为流媒体给人们提供了更好的视听体验，同时人们在互联网时代也习惯于网络下载。与美国相比，加拿大音乐市场2014年却下降了11.3%，实体唱片和数字音乐收入双双下滑。

---

① 从美国在线高中，看未来在线教育三大趋势［EB/OL］.（2017-04-09）［2019-02-15］. https://www.iyiou.com/p/44324.

② IFPI Global Music Report 2016［EB/OL］.（2016-04-12）［2019-02-15］. http://www.ifpi.org/news/IFPI-GLOBAL-MUSIC-REPORT-2016.

3.3.2 存在问题

北美数字出版产业发展存在以下几方面的问题。

1. 商业模式受制出版需求

传统出版向数字出版转化最大的难点并不在于技术和资金，而在于能否把握数字出版的本质和特点，进而建立起相应的商业模式及赢利模式。

北美（以美国为代表）各大出版集团，在商业模式及盈利模式上受制于不同出版类型和需求模型，表现出以下不同的状态。

大众出版立足于人们的娱乐和生活，其主题分散、即兴、个人化，内容具有普适性、非专一性和离散性，读者阅读与购买呈现或然性和随机性。网络普及初期大量信息以"免费午餐"形式发布与消费，加上大众出版属或然需求，这就在一定程度上制约了网络普遍支付行为的产生，一时难以产生理想的商业模式。虽然各大众出版集团已陆续获得了一些网络产品的收入，但其金额均还没有超过总营收的1%。所以，大众出版的数字化转型仍然在隧道里潜行[1]。这里需要指出的是，约翰·威立出版集团对大众出版领域数字化业务的拓展值得关注。这个项目是作为对该集团众多的导游类图书的补充而存在的，"佛式旅游系列"是其主打品牌，其"非正式旅游指南"也被认为是全球第二大旅游指南系列。近年以来，约翰·威立收购了伦敦一家小型在线旅游图书公司，提供B2B和B2C产品和服务，通过在线平台为旅游产业的各个环节提供产品和服务。

专业出版立足于人们的职业与职业提升，主题系列化、规范化、组织化，内容具有实用性、专门性、针对性，读者阅读与购买存在必然

---

[1] 从美国数字出版现状看产业未来走向［EB/OL］.［2019-02-15］. https://doc.mbalib.com/view/8cb56d9b8ecc411df2c2a25ea79627cf.html.

性、选择性，需求模型为"必然需求"，加之能满足大规模定制的要求，促进了其成本—收益格局的优化，因此在网络运营中占据先机与优势。目前在专业出版领域，数字出版业务已在很大程度上实现了盈利，是数字化转型中商业模式成功的第一片霞光。里德·爱思唯尔出版集团、汤姆森集团和约翰·威立集团在这方面进行了卓有成效的实践。

约翰·威立拥有近500种专业期刊，覆盖了14个学科领域，其期刊收入中有70%来自在线期刊。该集团建设了在科学、技术、医学和学术出版方面的专业出版在线平台，从学科和内容出发，将内容结构化，建成了若干大型专业数据库，从而打破了传统专业期刊尤其是综合性专业期刊的局限，能够更好地满足细分人群的个性化需求，从而创造出更多的市场需求。另一方面，由于通过在线传输，大大降低了成本，创造出远远高于纸质期刊的利润空间，产生了新的利润源。在市场推广方面，开展了在线会员制业务，在高等院校和科研机构中吸收会员，为其提供最新的专业信息和研究成果，以此收取相应费用。目前，约翰·威立正在全球购买专业期刊的数字版权。

教育出版立足于人们的学历教育与教程，主题系列化、规范化、组织化，内容具有专门性、针对性、指定性，读者阅读与购买存在必然性、不可选择性，需求模型也为"必然需求"，但北美地区的教育机构具有很强的自主研发能力和垄断性，以及较高的市场准入门槛、很强的竞价谈判能力，因此，网络运营中教育出版具备很大的市场空间，但机会成本高，风险较大，一旦获利，起点也高。

美国教育出版集团在数字出版领域的努力已经大约有很多年了，但严格说来，至今还没有找到可持续盈利的商业模式。在线数字出版业务拓展在很大程度上是为了推销纸质图书。麦格劳·希尔教育出版集团的首席运营官迈克尔·海斯告诉笔者，从短期而言，家庭作业和电子图书的营收最高，在线课程和虚拟的体验性材料在近期也有发展机会，但从长期来看，网上教育社区是最重要的收入来源。

2. 谷歌模式产生深远影响

在全球出版商逐渐进入数字出版领域的同时，IT 企业也以另外一种方式进入了数字出版领域，其迅速发展的势头引起了传统出版业的震惊，并引发了诸多争论。

谷歌对数字出版业务的介入主要是通过其"图书搜索"项目进行的。谷歌搜索的图书有两个来源：出版社与图书馆。目前，谷歌从出版社已经拿到的可供搜索的图书有 100 万种，全球有 1 万多家出版社参与了谷歌的图书搜索项目。

谷歌的图书搜索不仅能帮助读者搜索到其所需要的图书，而且还能帮助读者快速地就近购买到图书。谷歌曾推出"普遍化搜索"功能，图书内容与新闻等即时性资讯合并检索使读者在进行一般搜索时也能搜索到图书的内容。这一功能具有"拆墙效应"，打通了信息来源的区隔，实现了多媒体融合。

作为技术供应商，谷歌必须与内容提供商合作，其商业模式才可能成立。同时，谷歌以尽全力帮助出版公司在全世界范围内寻找读者为主要任务，并充分考虑内容提供商的利益。谷歌公司向笔者介绍了其对待内容提供商的 3 条原则，即充分尊重并保护版权；自主选择，如果内容提供商不希望再把内容提供出来，那么他们可以随时把内容拿回去，或者不让人们再搜索到其网页；利益共享，谷歌将广告收入的 50% 分给内容提供商。

从谷歌实践可看出，其搜索引擎对于专业类的非畅销图书确实起到了积极作用。"长尾现象"表明，只有少量图书能成为畅销书，它们处于长尾的头部，而处于尾部的图书，停留在书店的时间和机会并不多。现代数字媒体使那些处于长尾尾部的图书也可以一直存在并找到读者。在当今，快速增长的品种与有限卖场的矛盾、图书较长生命周期与短暂展卖时间的矛盾越来越突出，使得出版业的"长尾"越来越"粗"，物理书店完全无力消化，网络展示与检索则是未来的出路。

不过，北美地区的传统出版商对于谷歌的支持是有所保留的。对于自己的核心产品和处于非尾部的产品，他们牢牢掌握在自己手里，同时，传统出版企业也正在努力建立自己的数字仓库，希望谷歌的搜索引擎能到他们的服务器中进行搜索。

3. 读者产生电子书审美疲劳

美国数字出版业发展存在着阅读电子书过多产生审美疲劳的问题。一项研究表明，出版商的数字出版团队有一半时间和工作都在检查数字出版物中的语法或排版错误。即便如此，首先发现错误的仍可能是读者。在美国图书出版量逐年猛增的背景下，这样的情况已经日趋明显。

除此之外，北美地区电子书的订阅服务也遭遇了困境。一些电子书订阅服务的提供商从2013年开始，提供大量电子书的阅读渠道，让用户在每月付费的情况下，尽可能不限数目地阅读电子书。但是，在2015年有两个非常大的电子书订阅服务提供商关闭了，因为它们缺乏营业收入来源。"从去年开始，美国读者已经对电子书产生审美疲劳——越来越少的人在购买越来越少的电子书，这让出版商摸不着头脑。"约翰·罗兹维拉认为原因很简单，因为不管是亚马逊的kindle，还是巴诺出的nook，都只是模仿纸质书的感觉。美国读者的阅读习惯没有真正从2007年进化过来[①]。

如果电子书能够加上一些互动性的内容，人们会觉得它更加物有所值。约翰·罗兹维拉举例说，企鹅公司推出的《傲慢与偏见》注释版的互动版本销量非常好。它不仅仅有文本，还有BBC拍的视频、音频以及一些小小的测试等。所有的增添上去的多媒体内容都可以让读者和文本建立深层次的联系，让读者认为出版商的电子版物有所值。

---

① 李明远. 美国数字用户习惯有哪些改变［N］. 中国新闻出版广电报，2016 – 07 – 28（08）.

3.3.3 发展趋势

国际数字出版产业借助大数据、人工智能等技术，在解决版权和市场准入等问题后，会在未来得以迅速发展。但数字出版不会完全替代传统出版，二者是共存融合的过程。

1. 产业规模

发展数字经济已经成为全球主要大国和地区重塑全球竞争力的共同选择，目前全球22%的GDP与涵盖技能和资本的数字经济紧密相关。普华永道发布的《全球娱乐及传媒行业展望2015－2019》报告中预测到2019年全球数字出版行业规模会持续增大，数字化渗透率也稳步提高。北美地区2017年上半年图书销售额为36.68亿美元，根据美国出版商协会（AAP）公布的图书交易数据显示，2017年上半年美国电子书销售额为5.557亿美元，同比下降4.6%；下载版有声书销售额涨幅最为显著，增长32.0%，为1.577亿美元[1]。加拿大电子书和有声读物的下载量在2017年上半年都呈现快速增长趋势，比2016年同期增长了50%至52%。随着网络技术和信息技术的发展，将会影响和改变更多人的阅读习惯。电子阅读物的种类和内容会更加丰富，使得北美数字产业链结构更加清晰，覆盖更多的人群。

同时，在电子书利益分成方面，美国的数字出版企业已经找到一个比较稳定、合理的分配方式，并且在行业中趋于统一。内容方获得70%的收入配额，亚马逊、苹果和谷歌等终端方占据30%的利益，这一成熟的合作共赢模式也势必会给美国数字出版领域带来良好的促进作用。美国游戏市场规模2014年是213亿美元，2015年为220亿美元，2016年为236亿美元，同时世界游戏市场规模逐年扩大，这个趋势可

---

[1] 根据 Association Of American Publishers（Press Releases）数据整理得 [2019－02－15]. http：//newsroom.publishers.org/？h=1&t=Press%20Releases.

以看出美国的游戏市场也是持续扩大的,美国数字游戏在整个美国游戏市场占比越来越大。因为美国游戏市场占据北美游戏市场90%以上,因此可以看出北美的游戏市场规模也将继续增加。

美国的数字广告市场规模发展迅速。美国媒体分析机构eMarketer的研究报告显示,2016年美国的数字广告市场为720.9亿美元,首次超过电视广告的712.9亿美元,2016年成为一个分水岭。数字广告市场将继续增长,到2020年将达到1131.8亿美元的规模。其中移动媒体广告将是数字广告市场增长的主力,将从2016年的459.5亿美元增加到2020年的868.4亿美元。媒体广告总支出的23%以上,数字广告支出的63%以上将通过智能手机和平板电脑等移动设备抵达用户。广告商将更多的广告费用在视频、富媒体和内置广告中。这些广告大多发布在社交网站上,预计这类型的广告在2020年将占美国数字广告支出的50%[1]。具体如图3.15所示。

2. 数字出版新方向

网络时代,用户地位的提高、自我意识的觉醒和信息海量的覆盖,使得数字出版产业必须转变观念,更加关注用户体验,而不只是单纯增加用户规模。美国数字出版不只是提供内容,还包括平台、发行模式、社交媒体在内的系统化的出版。虽然近几年美国电子书的销量和收入在零售市场均有下滑,但是数字出版在对美国学校、公共图书馆等机构的销售中找到了新的发展方向;实体书店虚拟化再造正是美国数字出版产业的另一个创新模式。美国数字出版企业家和出版顾问理查德·纳什表示,在为用户提供方便和选择的同时,更应该重视他们寻找图书时候的乐趣;电商的线下书店也促进了数字出版的发展,亚马逊的线下书店里

---

[1] US Ad Spending:eMarketer's Updated Estimates and Forecast for 2015 – 2020 [EB/OL]. (2017 – 09 – 19) [2019 – 02 – 15]. https://www.emarketer.com/Report/US – Ad – Spending – eMarketers – Updated – Estimates – Forecast – 20152020/2001915.

US Total Media Ad Spending Share, by Media, 2015-2020						
% of total						
	2015	2016	2017	2018	2019	2020
Digital	32.7%	36.8%	40.0%	42.5%	44.8%	46.6%
—Mobile	17.3%	23.5%	27.7%	31.4%	33.7%	35.8%
TV*	37.6%	36.4%	35.1%	34.0%	32.9%	32.1%
Print	15.4%	13.5%	12.4%	11.7%	11.0%	10.6%
—Newspapers***	8.0%	6.9%	6.2%	5.8%	5.4%	5.2%
—Magazines**	7.4%	6.6%	6.2%	5.9%	5.6%	5.4%
Radio***	7.8%	7.2%	6.9%	6.5%	6.2%	5.9%
Out-of-home	4.0%	3.8%	3.7%	3.5%	3.4%	3.3%
Directories**	2.5%	2.2%	2.0%	1.8%	1.7%	1.6%

Note: numbers may not add up to 100% due to rounding; *excludes digital; **print only, excludes digital; ***excludes off-air radio and digital
Source: eMarketer, Sep 2016
215527　　　　　　　　　　　　　　　　　　　　www.eMarketer.com

图 3.15　美国 2015—2020 年数字广告费用份额

数据来源：eMarketer

https：//www.emarketer.com/Report/US-Ad-Spending-eMarketers-Updated-Estimates-Forecast-20152020/2001915

所有的书籍封面朝外，与其网络商店上拥挤的缩略图像形成视觉呼应，使更多的人习惯于这种网上寻找图书的方式。同时亚马逊线下书店里还有旗下品牌销售的各类配件的样品，如 Kindle Paperwhite 电子阅读器、Fire HD 平板电脑、Echo 语音激活虚拟助手和一系列耳机、无线音箱等，人们在浏览书店时，也可以购买这些配件；数字内容出版商应加大与软件开发商的合作，力求为网络用户提供更多的图书。

3. 学术期刊逐渐转型成为知识服务终端

数字化的环境下，知识的传播和获取越来越容易。学术期刊在知识传播上的功能受到冲击，转型也成为必然。国际大型的出版集团，逐渐由数据库功能（即聚集学术成果）转变为利用自身拥有的大型数据库，进行深度挖掘，提供数据服务和知识服务。这种服务需要学术期刊在成果提供的形式和结构上适应数字化的特点：一方面，挖掘数字化立体多维、空间无限等特点，使论文在呈现形式上不断丰富；另一方面，论文的要素被"分解"，便于检索关联的同时，作者可以向读者更全面地展示研究的过程、方法、数据，读者对论文的科学性有更全面的了解、分析和验证。信息提供得越准确、越全面，期刊越易被检索获得，同时由于数字化可以实现时间延续，有利于期刊稳定核心作者，将学术成果分阶段发表，稳定高质量的稿源。

（1）论文的呈现形态更为丰富

与传统期刊中图像、图表局限于篇幅并且固化相比，数字化期刊的图像、音视频可以动态播放，论文的表现形式得到了极大的丰富。《科学》（Science）和《自然》（Nature）都推出了多媒体出版模块，以图片、音频、视频等形式，再现论文的研究背景和过程。数据的提供也不再受纸张与篇幅的限制。同时，目前出现了完全采用视频形式出版的期刊，如可视化实验杂志（JoVE）。在论文发表的传统形式下，生命科学研究领域的实验一直存在透明度低、实验细节与技巧难以获得、可复制性差等问题，JoVE可视化实验杂志以视频等形式呈现论文，生动细致地呈现整个实验过程、细节和技巧，相关研究者可以直观地看到细节与技巧，实验变得可重复、可验证[①]。

数字化期刊丰富的呈现形式为读者获取相关内容提供便利，数字化的论文可以提供不同类型的文件，方便读者的再使用。例如，经济合作与发展组织概况（OECD Factbook）收录了不同国家和地区的多项分析指标及分析图表，这些表格与图形都能以 Excel 格式下载和处理。许多期刊允许读者以 PPT 或 WORD 等格式下载论文。

---

① 彭希珺，张晓林.国际学术期刊的数字化发展趋势［J］中国科技期刊研究，2013（6）：1033－1038.

（2）论文附加资料的提供成为数字期刊的重要功能

传统纸质期刊由于篇幅的局限，一些研究的研究方法、过程、计算方式等没有在论文的主体部分出现。而这些资料往往对论文的科学判断有着关键性意义，因为支持论文结论的研究过程（如问卷及调研方法、数据、处理与分析工具和过程等资料），是读者理解、判断、使用此研究成果的重要组成部分。随着期刊数字化的发展，论文附加资料（Supplemental Materials）的组织和发布越发重要，使论文在网上的可检索性提高的同时，更有利于期刊稳固自己的作者群，有利于期刊由单纯的信息传播者转变为学术服务终端数据提供者。论文附加资料可以分成三种类型：一是完整性资料，即提供这样的附加资料使论文更为完整，资料对于理解论文非常关键，但是因为技术问题，不能放在正文里。二是附加内容，即论文的扩展，增加细节和内容，给读者提供分层方法。三是其他相关内容，即可以增强理解和复制的内容，这部分内容一般由其他人来完成[1]。美国国家信息标准化组织（NISO）在2013年曾列出了在线附加期刊论文资料实践推荐资料（Recommended Practices for Online Supplemental Journal Article Materials）[2]，这份推荐资料在已有的实践探索的基础上，旨在帮助出版者和编辑指导作者和同行如何提供和处理附加资料。

4. 新的学术期刊使用和影响力评价机制形成

在传统学术期刊出版环境下，主要通过引用量和引用率来计量期刊和论文的使用和影响，以影响因子为主要评价方式，主要以刊评文。数

---

[1] Linda Beebe. Developing Best Practices for Supplemental Materials ［EB/OL］. (2016-11-20) ［2019-02-15］. http：//www.slideserve.com/rashad-adams/developing-best-practices-for-supplemental-materials.

[2] NISO. Recommended Practices for Online Supplemental Journal Article Materials ［EB/OL］. (2016-10-10) ［2019-02-15］. http：//www.niso.org/publications/rp/rp-15-2013.

字化环境下,用户参与度与互动的加强,与传统期刊主要以引用为衡量标准不同,下载、收藏、转发、评论等诸如此类的可计量的使用形式越来越多,跟踪和统计的途径和维度越来越丰富,如果与读者本身的数据相结合进行分析,就能形成新的学术期刊和学术论文的评价机制。如美国公共科学图书馆(Public Library of Science,PLos)实施的"论文级计量分析"(Article level metrics)[①]服务,就是数字化环境下针对单篇论文的评价。从2009年开始,PLos对其出版的每篇论文提供基于论文本身使用情况的计量分析。为了客观的使用数据,许多数据需要从权威的第三方获取,包括在 PLOS Journals(HTML、PDF、XML)、PubMed Central(HTML、PDF)下载和阅读数据;在 CrossRef、Datacite、Europe PMC、PubMed Central、Scopus、Web of Science 的被引用情况;在 CiteULike、Mendeley 的收藏情况;是否被 F1000prime 推荐;以及在 PLOS Comments、Facebook、Reddit、Twitter、Wikipedia 的被评价情况。这些计量数据形成了关于一篇论文的多维度评价。又如,谷歌(Google)在2012年推出的谷歌学术计量(Google Scholar Metrics,GSM)。其评价的文章皆来自网上谷歌收录的期刊。它的指标包括:h 指数,即一个出版物里最少有 h 篇论文每篇被至少引用了 h 次;h 核心,即此出版物最高被引用 h 篇论文;h 中值,即在 h 核心中引量的中值。例如,一本期刊某一年共发表 5 篇论文,分别被引用 17、9、6、3、2 次,那么这本期刊的 h 指数是 3;h 核心是被引用 17、9、6 次的这 3 篇论文;而 h 中值则是取 17、9、6 的中值为 9。GSM 只考查出版物最近五年的这 3 项指标,即 h5 指数、h5 核心、h5 中值[②]。

[①] A Comprehensive Assessment of Impact with Article Level Metrics(ALMs)[EB/OL].(2016-11-15)[2019-02-15]. https://plos.org/article-level-metrics.

[②] Citation Searching and Bibliometric Measures:Google Scholar Metrics(Journals)[EB/OL].(2016-11-25)[2019-02-15]. http://pitt.libguides.com/c.php?g=12107&p=64728.

5. VR 互动性体验

技术的发展给数字出版带来更多的机会。虚拟现实即 VR 技术的迅速发展,给人们提供了更加丰富的体验模式,沉浸式互动体验受到人们追捧,其产品有 VR 游戏、VR 新闻、VR 阅读和 VR 学习等。美国超级记忆公司(Super Memo)制作的"Olive Green"就是一款结合互动电影模式的英语教育应用。将电子书和音频结合起来的有声书,按照单曲价格付费的流媒体音乐都将是美国数字出版产业的璀璨新星。有声书与流媒体音乐在各自领域的占比越来越大,发展空间巨大,发展迅速,给北美数字出版产业带来巨大推动力。

6. 在线教育定制化

美国在线教育已经过了内容沉淀期,更加明确自己的产业定位和目的。首先,在线教育以用户为中心,制定差异化服务,同时用户可以根据自己的需要去选择课程内容,而不是被动的接收。美国在线教育从 2010 年到 2015 年的投资额度均在增加,2015 年 198 家在线教育公司融资总额为 14.5 亿美元,到了 2016 年却骤降至 10.3 亿美金。投资公司不再将"任务"和"影响力"作为主要目标,开始在意回收率。其次,美国在线教育资源获得的方便性不是其最大的卖点,因为目前人们可以通过很多方式获得教育资源,进行在线教育的人们更多的是关注在线教育状况和自身就业情况,美国在线教育正朝着人们的关注点发展,重点向与高就业率、低价格和商务专业有关的方向转变,课程内容也越来越定制化。最后,未来移动在线教育模式会进一步提升,线上、线下教育的融合将进一步加强,在线教育更加注重学生个人素质的全面发展。

3.4　本章小结

　　本章阐述了国际数字出版的发展现状、存在的问题及发展趋势。本章首先指出，国际数字出版产业的规模和范围在不断扩大，越来越多的国家通过相关政策支持数字出版产业的发展。相较于传统出版产业而言，数字出版产业不仅拥有完善的数字技术支撑，而且用户对于数字产品的需求也在不断增加。未来的数字出版产业从规模、技术、产品、互动等方面均会有极大提升。未来数字出版产业的竞争在于争夺流量的竞争，拥有用户的数字出版企业将成为数字出版产业的领先者。其次，面对这一数字出版产业发展的趋势，欧洲国家适时地制定了支持数字化的战略，促进数字化发展，通过对欧洲国家数字出版产业发展的现状、存在问题以及发展趋势做简要分析，更加确定了数字出版产业是未来出版产业发展的趋势，数字出版产业更要把握这一有利趋势，更新观念，积极发展，促进数字出版产业的更快发展。再次，北美地区发达的信息技术和网络技术，给数字出版产业发展提供了巨大的技术支持，同时对版权的重视与保护，为数字技术产业发展保驾护航北美地区互联网的高覆盖率使得数字出版产业相对于中国等亚洲国家更早地进入下一个阶段，摆脱单纯依靠获取网络未覆盖人群来提升规模的阶段，其数字出版的内容生产、营销模式、创新机制等已经相对成熟。在全球，数字出版是大势所趋，数字出版产业的长尾经济、规模经济、范围经济和马太效应等效果明显，预计到2019年数字出版的整体渗透率有望达到32.09%，市场规模达到4600多亿美元。这给中国等数字出版大国提供了很好的借鉴。

第四章

重庆两江新区国家数字出版基地发展状况

重庆市有3家图书出版社和6家音像电子出版社。从2013年到2017年,重庆市累计出版图书29699种,总印数6.34亿册,销售总码洋81.47亿元,销售总收入42.47亿元。重庆市出版社平均生产能力连续8年居全国第一,已形成了渝版图书的特色和品牌。重庆出版集团、重庆大学出版社和重庆西南师范大学出版社三家出版社全部进入全国百强出版社,而目前西部地区其他省市尚无一家出版社进入百强[①]。

4.1 重庆市数字出版产业发展现状

自2008年以来,重庆市数字出版业从无到有,形成了数字教育出版、网络游戏、网络出版、资源数据库出版、数字出版内容创意和版权交易5大产业集群。根据重庆市文化委员会与重庆华略数字文化研究院共同发布重庆市数字出版业发展报告可以看出,截至2017年底,重庆

---

① 戴娟. 重庆市出版社平均生产能力连续8年居全国第一[N]. 重庆日报,2018-11-09(02).

市数字出版产业产值达到179.58亿元,占重庆市国民生产总值的0.92%[①]。重庆市有21家网络出版服务单位,7家国家级"数字出版转型示范单位",网络出版单位数和数字出版转型示范单位数位居西部前列,市内170多家传统出版单位已不同程度实现数字化转型[②]。传统出版数字化转型成效明显,传统出版单位均涉及数字出版业务。数字出版业创新发展模式,形成了"内容+文创""内容+电商服务""内容+教育服务""内容+智库服务""技术+教育服务"商业模式。两江新区国家数字出版基地产业被评为全国新闻出版基地,产业集聚能力不断增强。

4.1.1 重庆市数字出版产业发展现状

1. 数字出版形成产业成长性特征

2017年年末,重庆市从事数字出版及相关产业的法人单位和非法人单位事业部3000余家,其中法人企业715家(含非传统出版单位设立数字出版相关业务企业471家),法人企业比上一年增加161家(数字出版相关业务企业增加158家)全年数字出版产业连续四年稳定增长。2014年、2015年、2016年增幅分别是11.4%、12.53%、13.49%,增幅均高于当年地区国民生产总值增幅。从事数字内容生产的从业人员为2.53万人,较2015年增加0.08万人,主要分布在两江新区、渝中区、九龙坡区,三地从业人员数占重庆市从业人员的82.3%。

从业务分布看,从事数字内容生产、制作出版的新兴出版单位100余家,主要从事数字内容创意、生产环节,部分涉及内容出版服务;数

[①] 赵迎昭. 2017年重庆数字出版业产值达179.58亿元[N]. 重庆日报,2018-06-11(03).
[②] 温相勇,蒲洋,周兴林等. 2016年重庆数字出版产业发展报告[EB/OL]. (2017-07-13)[2017-11-10]. https://667892.kuaizhan.com/12/49/p44617071344409.

字出版技术研发的企业 150 余家，主要是提供软件支撑服务。按照《国民经济行业分类（2017）》，将数字出版业分为数字出版产品生产服务、数字出版支撑服务、智能设备制造等 5 个类型，其中数字出版产品生产服务和数字出版支撑服务是数字出版业的核心。2017 年重庆市数字出版产品生产服务产值 90.81 亿元，其中数字出版服务产值 31.5 亿元、数字出版内容服务产值 46.50 亿元、数字出版娱乐服务产值 12.81 亿元；数字出版支撑服务产值 83.13 亿元，其中数字出版软件服务 43.29 亿元、网络接入服务 25.34 亿元、数字出版物发行 3.16 亿元、数字出版信息咨询服务 4.72 亿元、数字出版运营平台 1.90 亿元；数字阅读设备制造与销售 5.64 亿元。

数字出版服务业门类齐全，有互联网广告服务、网络游戏服务、网络新闻服务、数字期刊出版、数字报纸出版、数字图书出版、数字教育、网络游戏、网络动漫等 13 个门类，内部居前 5 位的行业是互联网广告服务 47.03%、网络游戏服务 10.08%，网络游戏出版 7.91%、网络新闻服务 6.78%、数字教育 6.60%。网络广告服务仍是当前重庆市数字出版收入的主要来源，网络游戏制作和出版服务成为重庆数字出版业发展动力，完美世界、迅游等引进企业和本土游戏企业正在快速成长。数字教育作为重庆市数字出版业主要亮点，发展态势稳定，仍是值得期待的行业。

重庆市网络出版服务单位发展势头良好。重庆市有网络出版服务企业 21 家，其中，2017 年新增 4 家。19 家网络出版服务单位 2017 年实现产值 10.03 亿元，网络出版收入 3.16 亿元，较 2016 年增长 13.2%。华龙网网络出版服务收入突破 1 亿元，为 1.95 亿元，较 2016 年增长 15.4%，维普资讯网络出版服务收入 0.85 亿元，较 2016 年增长 10.5%，西南师范大学出版社有限公司网络服务收入增幅为 38.4%。

2. 传统出版业数字化转型成效明显

传统出版数字化转型是当前和今后一个时期的重点任务之一，重庆市现有期刊135种，报纸46种，出版社3家，以及37家区县报，按照产业发展趋势，都需要数字化转型，适应当前用户的需求。重庆市确立了9家市级转型示范单位，其中有7家确立为国家级数字出版示范单位。9家数字出版转型示范单位中出版社3家，报纸3家，期刊3家。转型示范单位业务主要集中在数字阅读、知识服务、大数据、融合出版、平台建设等方面，2017年产值为8.4亿元，为21家出版服务单位总营收的81.7%。

转型示范单位数字业务和平台基本形成。重庆日报报业集团旗下5家单位获得网络出版服务资质，已成长为拥有15报、4刊、13网、5端、81个官方微信、25个官方微博以及重庆日报电子阅报屏、重庆手机报、户外LED屏等147个媒体终端在内，具备多种传播形态的现代化大型综合传媒集团，日均传播影响人群近亿人次，基本形成以重庆日报为龙头的党报集群；以华龙网为龙头的新媒体集群；以上游新闻为龙头，慢新闻、上游财经与纸媒协调发展的新型都市报集群和今日重庆、重庆法制报、新女报专业类、行业类媒体集群的"'4+1'融媒体矩阵+产业集群"的整体发展格局。重庆出版集团形成了数字版权运营、增值服务、在线教育、电商等4项主要数字出版业务。当代党员杂志社形成了当代党员客户端，《当代党员》《党员文摘》《党课参考》3刊数字化出版，七一网、重庆非公党建网、重庆国企党建网三网，党建头条、领导者头条、党员文摘、党课参考、重庆人才等5个微信公众号的"1+3+3+5"党建全媒体传播格局；承担了"党建及社科期刊编管发平台"、"社会主义核心价值体系全媒体创新互动党课教育平台"、重庆数字出版资金资助项目"重庆党建云平台"、"党建及社科期刊和新兴媒体融合发展服务平台"、基于"互联网+"的党建全媒体传播平台等5个数字出版项目。商界传媒集团整合内容资源，形成《商界》全方位全媒体全场景商业财经内容服务平台，推出针对企业家不同层次、不同行业、不同场景、多角度多方位的商业资讯，覆盖了音频、视频、图文直播以及视频直播等多种形式。还扩展商界领袖俱乐部社群功能，满足企业家人脉社交、资源整合、资本对接等商务需求。

3. 产业集聚效应呈现

重庆市数字出版产业形成了五大产业集群，贡献率达到80%以上。如西南师范大学出版社、重庆大学出版社、重庆迪帕数字传媒公司、课堂内外等的数字教育出版；享弘动漫影视、重庆视美影视等的游戏出版；重庆天健互联网出版有限公司、华龙网等出版单位的网络出版；重庆维普等的资源数据库出版；猪八戒、爱奇艺等的数字出版内容创意和版权交易。这五大产业集群形成了重庆数字出版业，具有本土特色，又兼具发达地区思维的集聚特色。集聚效应表现在以下几方面。

（1）基地企业营收大幅提升

从入驻企业的经营状况看，入驻企业资产为86.69亿元，数字出版总产值64.58亿元。排名前8家（CR8）企业营收占基地总营收的44.2%，排名前4家（CR4）企业总营收占基地总营收的26.8%。完美世界（重庆）互动科技有限公司、重庆小闲在线科技有限公司、重庆华龙网集团股份有限公司、重庆猪八戒知识产权服务有限公司，天极网等9家企业年产值过亿元。

（2）基地的集聚能力基本形成

2017年，重庆市从事数字出版企业数字出版及相关产业的法人单位和非法人单位事业部3000余家，其中法人企业715家，其中非传统出版单位设立数字出版相关业务企业471家。在法人企业中，有352家落户基地。重庆市21家有网络出版资质的企业中，有14家集聚在基地。对重庆市38个区县（开发区）的区位熵测量，重庆两江新区国家数字出版基地区位熵为5.66，呈现专业分工与规模经济性，具有产业集聚效用，专业化程度处于最高水平。

4. 融合发展能力进一步提升

经过几年的发展，重庆市数字出版业形成了基于内容服务核心产业延伸的新型出版生态,突出"内容服务+"业态。一是形成了"内容+文创",中华手工杂志将其历年积累的内容资源、用户资源、受访对象资源进行深度整合,打造的"百工制器"年销售额近200万元,已经超过了杂志本身的营收。手艺APP累计下载量突破了百万,月总阅读数量远超杂志阅读人群,同时位于深圳的手艺工场以及重庆鹅岭的揖美手作日接待客流近千人,年销售额近千万。形成了完备的手工艺产业链,让报道对象的"好手艺有价值"从而实现媒体自身价值。二是"内容+电商服务",农家科技杂志充分发挥其服务"三农",与农村联系紧密的优势,拓展网络平台的功能,植入电商,形成"淘土货"农村电商平台,年营收超过300万元。重庆西南师范大学出版社有限公司依托网络出版平台开展基础教育教材销售,上线教材1000种以上,2017年电子商务销售560万元,较2016年增长81%。三是"内容+教育服务"。"灵狐课外"APP通过研发标准化活动与赛事管理系统、在线竞赛服务系统、青少年素养评测平台、线下活动赛事管理系统等,打造青少年活动赛事的整合服务平台,提供适合青少年身心发展的各类活动、大赛的组织、搜寻、报名、参加和第三方报告等服务,并以此为基础开展面向青少年课外学习、生活、消费的全程服务,实现移动互联网环境下传统青少年产业与教育服务的融合发展,促进青少年核心素养提升与成长发展。项目获得重庆市科技创业投资协会颁发的"2017年度最有价值项目"奖。四是"内容+智库服务"。智想数字科技有限公司整合商界历史资源数据库和专家资源,建设"中小企业跨越式发展智库",服务经济新常态下,中小企业在转型升级过程中遇到的资讯、资源和资金短缺,企业制度建设、市场营销和资本运作各个方面,成为重庆地区财经媒体第一个媒体智库。五是"技术+教育服务"。重庆大学出版社下属重庆迪帕数字传媒有限公司的"新形态教材支撑平台",实现了"教材+数字内容+平台化教学工具",提升了传统教材服务能力和水平;其"课书房智慧移动课堂"项目,提供在线教学服务;向各级院校提供"数字技术+软件+平台"的数字化教学综合解决方案，为智慧化教学提供了强有力的支撑和服务。

5. 产业政策叠加性效应显著

重庆数字出版产业政策叠加性效应明显。宏观层面，有西部大开发政策、城乡统筹试验区政策、两江新区政策、互联网+、创新创业、文化产业发展政策、战略性新兴产业政策，以及其他相关专项政策。中观层面，有重庆市的科技创新政策、媒体转型政策、现代服务业政策等。2016年，《重庆市"十三五"发展规划》《重庆市新闻出版业"十三五"发展规划》等相继出台，把两江新闻国家数字出版基地发展作为重点发展和支持领域。

重庆市建立了各类型数字出版管理机构和行业协会。数字出版管理机构包括2008年设立的重庆市新闻出版局科技与数字出版处、2016年10月成立的两江新区互联网产业园委员会等；行业协会（研究院）包括2016年重庆市文化委员会指导推动下成立的重庆华略数字文化研究院正式成立，2016年12月成立的重庆市音像与数字出版协会等。除此之外，从2011年至今，对于重庆市数字出版产业每年均有专项批示。

这些产业政策的叠加效应显著，有效地增强了数字出版产业集聚能力，为数字出版基地的发展奠定了坚实的基础。

4.1.2 重庆市数字出版产业发展趋势

1. 数字出版产业价值取向将发生变化

数字出版业的文化属性决定了其在中华文化传承和中国文化走出去的战略地位，从一定程度上讲，数字出版业既是增强人民文化获得感、幸福感和安全感的重要内容，也是21世纪数字丝绸之路上中华文化传播的重要形态，在构建网上网下同心圆作用更大。因而其价值的取向也会发生一定的变化。

（1）更加注重事业属性

2018年3月，国家机构改革方案通过，新闻出版划入中央宣传部，数字出版业主管部门由原国家新闻出版广电总局转变为中央宣传部，给外界的强烈信号是，较之当下以产业推进模式推进数字出版业，未来将更注重事业属性。一方面推进传统出版数字化转型发展力度更大，数字出版业发展的速度更快；另一方面，会更加注重考察社会效益，以数字出版传播渠道和特性，在推进公共文化服务、文化资源均衡配置中具有重要作用。

（2）中华文化传承的重要载体

利用数字技术对历史文献进行转化保存，利用大数据智能化手段推进历史文化资源开发利用，研发更适合当下语境和网民需求的数字文化产品，是创新文化传承路径之一。过去4年，重庆市投入1500多万元对历史文献进行了数字化抢救性保护，建立了若干专题历史文献数据库，2018年初，重庆市委市政府推出以大数据智能为引领的创新驱动发展战略，势必对加大数字出版业在文化传承中的作用。

（3）作为中国文化走出去的重要载体

中国文化走出去是我国文化发展战略之一。重庆地处西部大开发重要战略支点、"一带一路"和长江经济带联结点，战略地位明显，近年来重庆数字出版业在文化走出去方面做了有益的尝试，西南师范大学出版社的"国别化（泰国）汉语教学资源库及中华文化传播平台"教学产品在泰国的清迈、南奔、清莱、乌纹、皮查纹等六个省、上百所学校使用，得到了当地师生们的广泛认可和赞誉，为重庆市数字出版业走出去做了探索，未来将会有更多的数字出版产品承载中华文化走出去重任。

2. 新技术应用更加充分

新技术应用是数字出版产品形式创新的重要驱动力。

(1) 体验场景技术应用受到重视

2017年,重庆天健互联网出版公司启动了AR在数字出版领域应用标准的研究,2018年初,以大数据智能化为引领的创新驱动发展战略明确在数字内容推进AR、VR、MR、全息成像、裸眼三维图形显示产品的开发,会加快这些技术在数字出版领域的应用。随着应用场景的不断拓展,数据库不断丰富和完善,AR、VR、MR等技术的应用成本会不断下降,为更广泛应用创造了条件,加之政府政策推动,2018年,基于数字出版内容场景创新的新技术应用会更丰富。

(2) 基于生产效率人工智能技术应用

近年来,重庆已经建立了数十个数字内容资源库,在2018年及以前更长时间,企业会着手数据资源的挖掘和应用,会带动人工智能技术在数字出版领域的应用,通过挖掘相关内容资源,实现内容快速生成和聚合,人工智能技术在城市文化传播、传统文化传承等领域将得到广泛应用,对提升数字出版业创新能力和经济效益具有重要支撑作用。

(3) 内容监管与评价领域技术创新

随着内容生产企业数量增长,内容监管和绩效评价成为管理部门面临的课题。重庆日报大数据研究院联合技术公司,构建重庆媒体大数据平台,对内容生产、流向和应用等进行可视化呈现,目前基本框架和数据交换模式已经研制完成,可望逐步投入应用,实现全域数字内容导向、成效可视化。

3. 内容提供商转向知识服务商

以用户需求为导向,重庆数字出版业正在进行角色转型;从产业的角度看是一次售卖模式,而知识服务商则是N次售卖模式。由于历史原因,重庆数字出版以内容生产、制作和传播为主导,一方面是传统资源的数字化加工,旨在对存量资源进行加工利用,形成基于传统内容和业务的数字内容产品;另一方面是传统业务纵向延伸发展,开发数据库,旨在立足于自身优势,寻求新发展模式和支撑点。新时代的用户需求悄然转型，生产模式也同步转型。以维普资讯为代表的重庆数据库企业立足自身优势对存量资源进行深度挖掘，进行碎片化、条目化，探索知识服务模式。重庆出版集团、课堂内外两家企业入围全国"知识服务模式（综合类）试点单位"，迪帕数字传媒等同步推进基于行业知识服务，西南师范大学出版社创新在线教育模式推动知识服务，商界传媒、当代党员等期刊社在数字化转型过程中，以推进知识服务为导向，构建知识服务平台和知识服务模式。应该说，由内容提供商向知识服务商转型是重庆数字出版业界立足自身优势，转变生产和销售模式的集体觉醒，也是重庆数字出版由内容提供商向知识服务商转型的内在动力。

4. 行业发展将进入快车道

从数字经济到数字内容产业，数字出版是数字内容产业的着力点之一。重庆市积极谋划数字出版发展战略，未来3年要建成5个数字内容产业基地。重庆的数字出版已突破"技术＋出版"的模式，初步形成了"出版＋服务"和"内容＋服务"的商业模式，拓展了数字出版业的内涵和外延，形成网络出版服务商业模式，而服务又反向作用于出版和内容的创新，形成基于市场需求的创新动力，与政策的推动力，形成推进重庆数字出版业发展新动能。同时，网络文学、网络游戏等过去网络出版服务中的缺项和短板，近年来正在兴起，盛世阅读网、迅游等原创网络文学和游戏公司的崛起，对完善重庆数字出版的产业链，构建重庆数字出版生态圈有积极的作用。

4.2 重庆两江新区国家数字出版基地发展现状

作为全国第二家，西部首家国家数字出版基地，重庆两江新区国家数字出版基地的发展对于提升西部数字出版产业的整体实力、促进国家数字出版产业的发展有着非常重要的作用。

4.2.1 重庆两江新区国家数字出版基地概况

重庆两江新区国家数字出版基地位于重庆市渝北区，但隶属于两江新区管理。基地从建设类型来说，采用了"园中园"式的建设布局，其所在面积约为6万平方米。整个园区所处地理位置优越，北靠照母山森林公园，南接内环快速路，东起两江幸福广场，西到光电园。园区附近有地铁5号线和6号线通过，还有多路公交，交通条件十分便利。园区有多个片区，重庆两江新区国家数字出版基地位于两江幸福广场EBD商务区中的水星片区。EBD是生态商务区（Ecology Business District）的简称。重庆EBD，是重庆首个生态商务区，从2001年开始建设，经过16年的开发建设，日趋成熟，不仅拥有成熟的交通体系和产业配套设施，还有300余万平方米星系列、星座系列、总部系列、财富系列高端办公楼宇。在这里已经聚集了数十家世界500强、三千余家国内外知名企业。建成国家级重庆软件园、生物产业基地、数字出版基地、医疗器械产业基地，以及重庆市首批创意产业基地、服务外包基地、信息外包基地，形成了以电子制造仪器仪表、生物医药及医疗器械为主的高科技制造业和以金融、软件服务外包、文化创意、数码网络为主的现代服务业产业集群。重庆EBD有重庆最大的软件及信息服务产业集群，1173家科技型、创新型企业，129家国家高新技术企业，110家"双软企业"，5家国家创新型（试点）企业，427个高新技术产品；有国家火炬计划软件产业基地、服务外包示范基地、数字出版基地、文化和科技融合示范基地、高技术服务产业基地等5块"国"字头产业基地的"金字"招牌，还有重庆首批创意产业基地、重庆动漫基地、重庆服务外包基地等3块"渝"字头产业基地。建成了两江创新创业大厦、赛伯乐移动互联网孵化园、移动游戏孵化园、两江广告产业园、重庆IT微企创业园、两江新区国家数字出版基地（园区）等。重庆

EBD汇聚了200多家金融企业、1000余家科技企业100多个研发中心，成为重庆名副其实的"硅谷"①。

4.2.2 发展历程

重庆国家数字出版基地是2009年获批，2010年4月26日挂牌的全国第二家国家级数字出版基地。这也是中西部第一家，内陆第一家，具有重要的承上启下的重要意义。挂牌之初，擅长经济建设的重庆市领导曾经说过，重庆是一座具有几千年文化底蕴的城市。建立重庆两江新区国家数字出版基地主要目的是把重庆建成"云端智能城市"，耗资近千亿和各级政府的大力支持，以"1+3+10+N"为目标的发展模式，努力将基地建成西部领先的数字出版基地，把重庆建成数字产业强市。这其中，"1"指的是打造一个高地，就是市领导所希望的"数字出版产业高地"。"3"指的是要建成3个平台，数字出版公共服务平台、数字内容监管平台以及中国出版发行交易云平台。"10"指的是重庆北部新区主打的10项门类，包括数字期刊、数字印刷、数字图书、数字音乐、数字教育、手机出版、互联网出版、数据库出版、按需出版、跨媒体复核出版、动漫、网络游戏。"N"是指在条件成熟之后，除了核心基地，在重庆市建设若干数字出版拓展基地，形成更大规模的集聚效应，形成更完整的产业链条。同时，重庆两江新区数字出版基地依托重庆云计算基地，力争打造一个"云端下"的国家数字出版基地。

2010年重庆数字出版基地挂牌之初，有从业人员大概2000人，入驻企业有华龙网、腾讯大渝网等大型互联网企业。当年的数字出版核心产值已经超过10亿元，基本形成了比较良好的数字出版产业集群效应。到了2012年，汉王科技股份、安博教育集团、中文在线等一系列的数

---

① 照母山科技创新城：重庆硅谷的"五种最"[EB/OL]. (2015-09-14) [2017-11-10]. http://cq.cqnews.net/cqqx/html/2015-09/14/content_35286720.htm.

字出版相关企业陆续入驻，当年数字出版核心层产值已经超过了30亿。经过这几年的发展，到了2014年，重庆市北部新区国家数字出版基地已经占地超过20万平方米，除了在重庆本地影响力巨大的腾讯大渝网、华龙网、猪八戒网等在发挥巨大作用，腾讯、完美世界、维普资讯、课堂内外、享弘影视、商界传媒、爱奇艺等数字出版产业或者产品也都在重庆北部新区数字出版基地"安家"，数字出版相关企业产值已经超过了100亿元，产业集群已经初具规模。到2017年底，入驻基地及相关企业共352家，上市公司4家，形成了互联网络出版、教育数字出版、资源数据库出版、动漫游戏、数字内容创意和版权交易等五大产业集群。2017年1至9月，基地实现产值151.2亿元，同比增幅为26%。其中，仅数字出版内容产值就达62.61亿元，同比增幅28.2%。9家企业年营业收入超亿元[1]。

据重庆市两江新区管委会前主任段成刚介绍，两江新区重点发展软件与信息服务、云计算、数字出版等新兴科技产业，力争到2020年，地区生产总值再翻两番，集聚规模型科技企业1000家，高技术服务业营业收入1000亿元[2]。在这其中，以数字出版基地为代表的数字出版企业也发挥了重要的力量。

4.3 重庆两江新区国家数字出版基地发展因素

作为全国第二家国家数字出版基地，重庆两江新区国家数字出版基

---

[1] 王坤宁，李婧璇. 国家数字出版基地：综合实力稳步提升 发展后劲明显增强［N］. 中国新闻出版广电报，2017－11－27（08）.

[2] 新兴科技产业加速聚集北部新区［EB/OL］.（2015－02－01）［2017－11－10］. http://www.liangjiang.gov.cn/Content/2015－02/01/content_12996.htm.

地 2009 年 8 月获批，2010 年 4 月挂牌。从 2010 年到现在短短 7 年时间，其发展可以称之为神速。根据原国家新闻出版广电总局的数据，重庆两江新区国家数字出版基地的营业收入、资产总额和利润总额分别增长了几十倍。如 2012 年的营业收入为 7.23 亿元，资产总额为 6.51 亿元，利润总额为 1.13 亿元，到 2015 年营业收入则增长为 63.92 亿元，资产总额增长为 84.38 亿元，利润总额增长为 40.33 亿元，比 2012 年分别翻了 8.84 倍、12.96 倍和 35.69 倍。这是什么原因造成的呢？其中的因素主要有三个方面，即相关的数字出版产业政策、独特的地理区位、优秀人才的作用。

4.3.1 数字出版产业政策的激励

1. 中央层面的政策支持

作为中国四大直辖市之一的重庆市，是重要的政策示范和传播高地。在推进数字出版产业发展的进程中，重庆市委、市政府坚持战略布局和规划导向，通过中央和重庆市当地的一系列有关数字出版的项目来推进重庆两江新区国家数字出版基地的建设和发展。据统计，从 2013 年以来，重庆市 22 个数字出版项目被列为原国家新闻出版广电总局项目，重点资助了重庆市 35 个与数字出版相关的项目；7 个数字出版单位被总局列为数字出版转型示范单位。

这里以 2016 年为例进行说明。2016 年原国家新闻出版广电总局把重庆市的 6 个数字出版项目列入总局发展项目库，项目涉及在线教育、媒介融合出版、传统出版数字化等方面。如 2016 年入库在线教育项目"基于教学行为大数据分析的知识服务云平台——课书房智慧移动课堂"，着重于优质教育资源的云端生产、传播和版权贸易，已建成 2000 多门平台课程；重庆出版集团和课堂内外杂志社联合开发的在线作文服务 APP"壹笔·作文"集"读—问—写—订—用"为一体，成为众多师生喜爱和使用的在线作文 APP；由重庆报业集团下属重庆晨报开发大媒介融合 APP——上游新闻成为知名的掌上新闻客户端软件，在 2017 传媒中国年度盛典上，上游新闻荣获年度融合创新十大最受关注的新闻客户端，并入选"2017 传媒中国年度十大影响力报业融合创新发展品牌实战案例"[①]。重庆日报报业集团实施，中央财政资助 700 万元，投资 1.1 亿元的"重报集团全媒体数字化转型技术支撑平台"是传统媒体转型的重要平台，实施流程重构，旨在构建重报集团新闻全媒体采编综合平台。

主管部门的政策支持极大地促进了重庆市数字出版产业的发展，重庆两江新区国家数字出版基地被主管部门列为 2016 年全国数字出版优秀基地。

2. 重庆市的政策支持

在重庆两江新区国家数字出版基地建设和发展过程中，重庆市从指导意见到项目资助到建立协会，都给予了巨大支持。在基地建设过程中，重庆市政府办公厅早在 2011 年 1 月就在重庆市人民政府公报中颁发了《关于加快重庆数字产业发展的指导意见》，指出要集中打造数字出版十大优势门类，培育数字出版骨干企业，打造出版资源数据库等八大发展任务；在基地发展过程中，重庆市通过立项和财政资助的方式加以支持。以项目为例，2016 年，重庆市的数字出版专项资金就资助了天健按需出版应用示范平台、基于"互联网＋"的重庆党建全媒体（CQDK）平台等 8 个市级项目。具体如表 4.1 所示。

---

① 龚力，陈翔. 上游新闻入选年度十大最受关注新闻客户端[EB/OL]. (2017－09－20) [2017－11－10]. https：//www.sohu.com/a/193140482_ 171986.

表4.1　2016年重庆市数字出版发展专项资金资助项目名单

序号	项目名称	申报单位
1	天健按需出版应用示范平台	重庆天健互联网出版有限责任公司
2	基于"互联网+"的重庆党建全媒体（CQDK）平台	中共重庆市委当代党员杂志社
3	上游新闻——重庆媒体融合与转型升级平台	重庆晨报传媒有限公司
4	环球播多频道网络平台	重庆时报社
5	面向"互联网+"的学前教育数字课程研发及应用	重庆西南师范大学出版社有限公司
6	助力出版转型升级的社交网络平台建设	重庆大学出版社有限公司
7	商界内容数据中心	重庆商界传媒集团有限公司
8	维普知识云图	重庆维普资讯有限公司

资料来源于重庆市文化委员会网站 https：//www.cqwhw.gov.cn/Html/1/whzx/wsgs/2016－11－07/17518.html

这些项目涵盖了按需出版、互联网+、媒体融合、在线教育、出版专项、内容数据库、数据库出版等众多与数字出版相关的领域。这些项目的实施，既体现了重庆市在数字出版政策上的关注，又通过这些项目来对数字出版产业进行引导和示范。

3. 两江新区的政策支持

重庆两江新区于2010年6月18日挂牌成立，是继上海浦东新区、天津滨海新区之后，国务院批准的中国第三个、内陆第一个国家级开发开放新区。根据战略布局和功能定位，两江新区产业布局总体定位为"一心四带"。重庆两江新区数字出版基地就处于都市功能产业带中的文化创意产业中心。

重庆两江新区通过项目引进和金融支持的方式促进了数字出版企业的发展壮大。其中，仅2015年就新引进62个重点科技项目，培育了以猪八戒为代表的一批本土"互联网+"明星企业；集聚国家和市级研发机构141家，仅2015年就专利授权1115件；建设了400万平方米科技楼宇和10万平方米孵化器，建设了国家知识产权试点园区和"中国重庆留学生人员创业园"①。这些举措都促进了重庆两江新区数字出版基地的发展。

4.3.2 独特的地理和文化定位

从地理位置来看，作为中国内陆地区唯一的直辖市，重庆市处于长江经济带、一带一路、西部大开发的枢纽位置。截至2016年，重庆有23个市辖区、11个县、4个自治县，人口3048万，是全国行政单元和人口最多的城市。

从历史来看，重庆市简称渝，是古代巴国的发祥地，也称为"巴"，即所谓巴蜀之地中的巴国所在地。"夜发清溪向三峡，思君不见下渝州"李白的著名诗篇《峨眉山月歌》中的渝即指古代重庆。公元1102年，即北宋崇宁元年，宋徽宗改渝州为恭州，公元1189年，即南宋淳熙十六年，宋光宗赵惇又将其改名为重庆，因其先封恭王、后即帝位，有"双重喜庆"之意。近代以来，重庆发展迅速，曾经是陪都所在地，其历史地位、政治地位可见一斑。新中国成立后，划归四川省管辖。1997年重庆升格为直辖市，为重庆发展提供了新的契机。

从地形地貌来看，山水相间、有山有水是重庆显著的地形特点。既是世界上最大的山城，又夹杂着平原和丘陵地貌，高低起伏、错落有致，使得重庆成为一座非常具有立体感的城市。穿过居民楼的轻轨、高低错落的洪崖洞、数量众多的长江大桥、迷宫式的立交桥等等，吸引着中外人士的目光；重庆是长江和嘉陵江交汇的地方，境内湖泊遍布，不

---

① 两江新区简介 [EB/OL]. (2016-06-21) [2017-11-10]. http://www.liangjiang.gov.cn/Content/2016-06/21/content_ 292048_ 2. htm.

仅拥有丰富的水文资源，同时也运用便利的水运河道，成为西部地区出入长江的必经之地。

从文化来看，作为巴国所在地的重庆拥有独特的文化景观。除了世界驰名的长江三峡外，磁器口的古镇、大足的石刻、万盛的国家森林公园、桃花源、金佛山等等也别具特色，成为旅游爱好人士必到之处。除此外，著名的火锅之都、美女之都等名号也使得重庆具有特别的文化魅力。

基地所在的渝北区紧邻兰海高速、机场快速、内外环高速等公路。渝北区有江北国际机场和重庆火车北站，长江、嘉陵江均流经渝北区50多千米，水陆空交通均非常发达。同时渝北区是全国文明城市和国家级卫生城区，辖区有著名的民国街，是著名的宜居旅游城市。

重庆两江新区国家数字出版基地就位于这样一个既有优越的地理环境，又有深厚文化历史底蕴，更处于一带一路、长江经济带、西部大开发等国家战略发展的枢纽位置，加之区域内拥有众多的人口，这是国家数字出版基地得以落户重庆的重要原因之一。

4.3.3　优秀的人才

媒介地理学是以人类同媒介、地理的相互关系及其互动规律为研究对象的，具有自主和独立条件的新兴学科。它关注和重视特定地域产生的特定媒介形态，及其相同媒介形态中呈现出的不同地理样本，认同和理解生活在不同地理环境下人的不同传播特点，以及不同区域受众对媒介内容会有不同的地理"看法"①。从媒介地理学的视野来看，传播活动即是文化形态在不同地理环境下的反映。"一方水土养一方人"，不同的地理环境使得人们有不一样的文化内涵，它决定数字出版产业的文

---

① 媒介地理学 [EB/OL]．[2017-11-10]．http：//wiki. mbalib. com/wiki/%E5%AA%92%E4%BB%8B%E5%9C%B0%E7%90%86%E5%AD%A6.

化形态和内容，这里面包含媒介地理传播者和媒介地理的受众者。从数字出版作为文化创意产业这个层面来讲，重庆的媒介地理传播者指的是重庆籍人才，媒介地理受众指的是生活在重庆的人民群众。

就媒介地理传播者而言，重庆籍人才有很多，在各行各业均崭露头角。知名的重庆籍人才有北京大学中文系钱理群教授，新闻联播主持人罗京，钢琴家李云迪，著名作家虹影，著名演员刘晓庆，蒋勤勤，陈坤等。2015年8月重庆市直辖18年重庆电视台开始制作的专题节目《追梦他乡重庆人》记录的就是在海内外打拼的重庆人形象。这些感人的故事，可以在很大程度上反映传播者的一些媒介地理特性，如重庆人的耿直、勤劳等特性。

重庆著名的主流数字出版媒体有上游新闻、华龙网、腾讯大渝网等，在线教育有西南大学出版社、重庆大学出版社等的在线课堂，媒介融合发展有电脑报、课堂内外、重庆日报报业集团等，创意产业有猪八戒网等，这些都是重庆本土传播媒体，具有鲜明的媒介地理特色，是数字出版基地的重要组成部分。

从媒介地理受众而言，作为直辖市的重庆本身是中国人口最多的城市。同时，也是吸引外来人口入驻的重要城市。2016年重庆市常住人口3048.43万人，比2015年增加31.88万人，其中城镇人口1908.45万人，占常住人口比重（常住人口城镇化率）为62.60%，比2015年提高1.66个百分点[①]。

重庆的媒介地理受众还辐射整个四川，这一区域有超过1亿的人口，蕴藏着巨大的数字出版消费市场。媒介地理受众既是数字出版的接受者，又是传播者和消费者。这些受众的行为决定着数字出版企业的兴

---

① 重庆市统计局.2016年重庆市国民经济和社会发展统计公报［EB/OL］.（2017-03-20）［2017-11-10］.http：//www.cqtj.gov.cn/tjsj/shuju/tjgb/201703/t20170320_440548.htm.

衰成败。

因此，从政策、地理、历史、人才、受众等各方面出发，重庆两江新区数字出版基地的建设和发展均有得天独厚的优势和广阔的前景。

4.4 重庆两江新区国家数字出版基地发展经验

重庆两江新区国家数字出版基地经过8年的发展，构建了以技术研发、人才培养、市场拓展、资金融通等为内容的数字出版基地政策保障服务体系，到目前为止取得初步成效。其发展经验值得探讨。

4.4.1 基地采用多种方式护持企业成长

1. 基地通过设立"众创空间"的方式支持企业成长

在两江新区互联网产业园，听到最多的就是"众创空间"。所谓基地的"众创空间"是按照一个企业"从无到有、从小到大"的成长历程来打造的，具体来说就是园区中的众创空间楼，从底层到顶层是按照"创业咖啡＋孵化营＋专业孵化器＋企业加速器"4类空间进行布局。据相关人士解释，这种众创空间的布局，是希望企业从一个想法开始，然后通过创业到孵化，到加速发展到上市，最终形成一个产业链集群模式。

2. 通过政策扶持来助力企业成长

对于中小微创业企业而言，在其创业初期经常会遇到资金链紧张甚至是断裂的现象，这种情况下，重庆两江新区国家数字出版基地慷慨解囊，通过多种方式来帮助企业。基地可以提供多种贷款，还减免地税，这对于企业的初期发展是至关重要的。此外，还有很多游戏公司，经常会举行技术交流活动，给企业间良性互动提供了很好的机会。对于发展良好的企业，同样可以享受政府的扶持政策。如重庆西信天元数据有限公司就是政府扶持政策的受益者。近几年，重庆西信天元数据有限公司先后承担了国家的一些产业化项目，除了国家和地方每年给的400万元项目支持外，重庆两江新区国家数字出版基地还制定了很多与项目有关的扶持政策，如2017年，作为数字出版龙头代表，公司参加了深圳文博会，当时两江新区就给了18万元补贴款。

现在，入驻两江新区国家数字出版基地的核心企业有100余家，已经构建了腾讯（重庆）、赛伯乐（重庆）、猪八戒文化创意、易一科技金融、西游汇移动游戏、两江广告创意、华龙网移动新媒体等七大数字出版产业众创空间和孵化园。

截至2017年底，两江新区对数字出版及相关企业发放各类产业扶持资金、补贴过亿元，其中已经兑现了40余家企业扶持资金7756.62万元，减免、返还50余家企业房租1331.7万元，补贴企业改制上市1390万元。

4.4.2 帮助数字出版企业控风险

帮助基地数字出版企业管控风险也是两江新区管委会的一项重要工作。一是给企业出谋划策。如作为两江新区龙头企业的重庆猪八戒网络有限公司，近年来经历了一次大变革。2015年，猪八戒网络公司不到1000人。当时正值猪八戒网经营模式的瓶颈时期，以往的经营模式是佣金制，即二八佣金制，也就是从买卖双方交易中收取20%佣金。但经常发现一些卖家通过猪八戒网接洽到买家后，就迈过他们私下进行交易了，这极大地制约了猪八戒网的发展。当时基地的领导了解这种情况后，给猪八戒网提出是否可以尝试取消佣金的建议，从而使猪八戒网打破原有商业运营模式。2015年6月12日猪八戒网络公司在平台发出公告，正式取消佣金。决定依托10年积累的海量创新交易数据，为企业提供一站式的全生命周期创新创业服务，也就是将公司真正的盈利点放在为企业提供服务上。这一模式，让猪八戒网当年就实现了平台用户"井喷式"增长。二是保护企业核心利益。如重庆小闲在线科技有限公司受到竞争对手在网络上发布的虚假谣言的构陷。基地管委会和两江新区公安局非常重视，立即召开会议研讨处理方案，并由公安分局抽调精兵强将组成专案组调查此案。只用了不到两周的时间，事态就得到明显的控制和好转，避免了公司遭受更大的经济损失。

4.4.3　通过龙头企业带动产业集群发展

通过龙头企业带动中小微企业发展，从创意到产品、从企业到产业、从产业链到生态链，这是重庆两江新区国家数字出版基地的产业模式。作为两江新区互联网出版集群的"领头羊"的华龙网的一举一动都被同行关注着。在近年移动互联网的浪潮下，华龙网开始考虑再次转型。2017年初，华龙网正式实施"336"工程："3个1000万"，即手机报集群、客户端集群、双微集群用户分别达到1000万；"3个中心"，即重庆大数据应用交易中心、重庆互联网空间信息安全中心、重庆互联网舆情中心，这是集团转型后的产业主体，也是集团其他互联网产业发展的技术和后台支撑；"6个平台"，即重庆市信用体系公众服务平台、重庆市数字取证平台、重庆市物联网应用分发平台、重庆市体育事业管理云平台、重庆市新闻直播云平台、重庆市安全验证码云平台。通过华龙网的龙头示范作用，带动了相关的互联网出版集群的发展。目前，已经形成了以华龙网、大渝网、天极网为代表的互联网出版集群；以猪八戒网、享弘影视、爱奇艺等为代表的数字创意产业集群；以课堂内外杂志社、西南师范大学出版社、重庆大学出版社、迪帕数字传媒等为代表的教育数字出版产业集群；以完美世界、隆讯科技、五四科技等为代表的动漫游戏产业集群；以维普资讯、维望科技为代表的数据库出版产业集群等五大产业集群。

4.5 本章小结

本章分析了重庆两江新区国家数字出版基地的发展状况。首先，概述了重庆市数字出版产业的发展现状，如数字出版形成产业成长性特征、传统出版业数字化转型成效明显、产业集聚效应呈现、融合发展能力进一步提升、产业政策叠加效应显著等，这为重庆两江新区国家数字出版基地的发展打下了坚实的基础；其次，从基地的概况和发展历程对基地发展现状进行了具体阐述；再次，从数字出版政策、地理环境、产业优秀人才等方面对基地的发展要素进行了分析；最后总结和分析了基地多年发展的经验。

第五章

重庆两江新区国家数字出版基地存在的问题

国家数字出版基地从2008年设立以来,到2015年经过7年的时间建立起14家国家数字出版基地。数字出版基地遍及全国各大主要区域,一方面基地本身取得了巨大发展,收入和利润倍增;另一方面,数字出版产业集群化特征突出,对入驻基地的相关企业起到了扶持和帮助。但正如硬币的两方面,国家数字出版基地在发展过程中也存在不少问题。以往学者通过经济管理学的视角来总结国家数字出版基地存在的问题,如定位、政策、管理、人才等方面进行论述。本研究将从媒介地理学的视角出发,通过时间、空间、地方、景观和尺度等媒介地理学要素入手。对与重庆两江新区国家数字出版基地来说,因为成立时间较短,时间要素不显著,因此主要从其他四个要素进行分析。

5.1 空间:空间感存在度低

媒介地理学中的空间指的一种固定形态,是各种地理景观的固态投射。因为媒介被放置在重要的位置之上,空间就作为媒介视域下的材料,成为媒介眼中的研究对象。"地球村"就是媒介作用下的地理空间概念。媒介地理学中的空间，既包括大众眼中的有形世界，也包括精神世界。以此观点，来看待重庆两江新区数字出版基地存在的问题，主要是基地偏地产运行，精神空间存在感不足。

5.1.1 基地偏地产运行，产业结构不完善

重庆两江新区国家数字出版基地的具体方位并非如宣传上所看到的那样，其基地位置比较模糊，周围没有任何相关标识，除非是在里面工作的人员和两江新区的管理人员，外来人士很难找到国家数字出版基地的准确方位。重庆两江新区国家数字出版基地大楼只有6层，正对的大街是只有双行道的米兰街，车流和人流都比较少，与周边高耸辉煌的其他企业大厦如招商银行重庆总部大厦等形成鲜明对比。关于基地大楼名称，应该属于两江新区水星大厦，引导栏上的名称是"两江新区水星科技大厦B5配套区"。这幢大楼里除了基地外，还有重庆国税局车辆购置税分局第二税务所的公务员办公区、重庆路安特沥青科技有限公司等科技企业办公区等，这些均与数字出版没什么联系。在大楼可以看到，税务所出入口外有明显的指引标识，而数字出版基地大楼，除了顶部的国家数字出版基地字样外，没有任何其他醒目标识，很容易被人忽略掉。由于数字出版企业比较分散，且其中夹杂着很多其他各种大大小小的科技企业。数字出版基地在照母山科技创新城中显得很微不足道。关于重庆两江新区国家数字出版基地的运作，更多地表现为地产运作方式。在基地附近，经常看到相关的招商引资的公告，其内容大多是如何吸引更多的企业来入驻，重视对市场的开发而不是对基地如何运作有更好的规划。在基地附近，看到的更多是关于水星科技大厦的推广性介绍文字，"总户数420，停车位130，绿化率36%"等等的字样，却无数字出版发展相关的信息。进入基地大厦，其宣传栏的内容也比较陈旧，很多是过期的广告信息。从基地大厦的物业管理处了解到，这里来去的企业比较多，很多是曾经入驻后来离开的状况，相关的宣传未及时更

新。从空间实体感觉，基地更像一个普通的写字楼，而非规模恢宏的国家数字出版基地。

国家数字出版基地的建设是一项系统工程，需要各方面的功能配套与规划。"十二五"新闻出版业规划要打造各具特色的数字出版产业基地。但是对于什么是具有特色的数字出版产业基地，每个国家数字出版基地应该是什么样的发展定位，不同区域间的国家数字出版基地主体应该担负什么样的发展任务，各个国家数字出版基地之间如何形成产业发展合力，避免各自为政，重复建设，对此，原国家新闻出版广电总局还没有特别清晰的总体设计和战略规划，只是按照营业收入、资产总额和利润总额这种简单的资产负债表考核方式进行考核，这体现在新闻出版产业分析报告中。这种方式，使得国家数字出版基地总体建设处于无具体规划指导的状态下进行，大部分基地产业板块相互重复，发展方向大同小异。按照产业集聚理论，各地区在产业基础、资源禀赋、地理特征等方面具有必然差异。产业需要根据相互具有相对竞争优势进行集聚。这需要主管部门制定各数字出版基地具体的发展方向和发展特色。基地要根据主管部门规划，发展特色，砍掉不盈利的部分。各基地要避免盲目重复建设，从而形成产业发展的最佳发展态势。

5.1.2 企业根植性不强

重庆两江新区国家数字出版基地是企业靠政府提供土地、税收、房租等优惠政策入驻的。由于数字出版基地后续政策不足、政策门槛较高、产业成本上升等因素的影响，企业并未显现出强烈的根植性，存在着向成本较低地区迁移的可能。

5.1.3 资源孤岛现象突出

资源孤岛是重庆市数字出版业发展的重要问题之一。由于传统出版业整体不强，新兴出版业多是由中小企业主导，在产业发展中，形成分点布局，散状发展格局。主要问题是，不同企业根据自身优势进行平台建设，资源聚集，无法形成产业优势。数字教育是重庆市数字出版的特色和亮点，目前运行的主要资源平台有重庆出版集团、西南师范大学出版社的课标平台、课堂内外杂志社的灵狐课外、壹笔作文、迪帕数字媒体的课书房等基础教育和职业教育平台；在继续教育方面，当代党员杂志社、商界传媒等均有介入，各个平台相互独立，不相往来，成为资源孤岛，无法形成资源优势。形成原因：一是各企业立足自身资源和技术力量，降低风险，以较少投入进入数字出版领域，寻找见效快的路径；二是企业之间合作意识不强，各自为政，安于一隅，不谋一域；三是政府对数字出版业的产业引导力未完全释放，较少的资金无法真正形成对产业的引导力。

5.1.4　精神空间存在感不足

媒介地理学除了实体地理空间外，还加入了媒介视角，将媒介带来的空间想象带入媒介地理学中。因此媒介看到的空间就脱离了单纯的物理空间，变成多样性的媒介空间。其空间根植于实体空间，又不同于实体空间，是媒介视野中的精神空间。重庆两江新区国家数字出版基地的精神空间到底有多大，在相关受众中有什么样的影响，这可以通过对相关的受众进行调查得知。

根据其他的研究资料可以发现，包括在两江新区的白领人士，沙坪坝区大学城的学生人群，江北区观音桥商圈的普通市民，对重庆两江新区国家数字出版基地的名称、工作地点大多数不是很清楚，更别提其中一些不知名的数字出版企业。这说明数字出版基地在市民心中的精神空间存在感小，在这方面需要努力提高。

5.1.5　少数族群的空间缺失

重庆市是一个多民族共存的地区。根据《重庆市民族志》《重庆民族史》《重庆年鉴 2013》等资料记载，重庆是中国唯一辖有民族自治地方的直辖市，有 4 个自治县，1 个享受民族自治地方优惠政策的区，以及 14 个民族乡。根据第六次全国人口普查数据显示，重庆市已经有全部 56 个民族，现有常住少数民族人口 1937109 人（含其他未识别民族 209 人，外国人加入中国籍 11 人）。人口最多的少数民族是土家族，其次是苗族，接下来依次是回族、彝族、蒙古族、壮族、满族、布依族等，人口最少的是塔塔尔族，仅 1 人[①]。

作为少数族群在媒介传播中，免不了处于弱势地位。具体到数字出版领域，少数族群指的是少数民族用户。目前的重庆两江新区数字出版基地运作中，在社会效益方面，并没有考虑相关少数民族用户的需求，没有一个专业服务少数民族用户需求的数字出版企业，这是值得提高和改进的地方。作为西部直辖市，重庆所涵盖的不仅仅是重庆市的少数民族，而且会辐射四川、贵州、云南、湖北等省的广阔的少数民族人群。作为国家级的数字出版基地，要体现重庆数字出版的地域优势，为少数民族人群服务的数字出版企业应该完善。

5.2　地方：缺乏地方特色，缺少本地专业人才

媒介地理学中的地方是包含地理要素在内的社会结构和文化记忆。单纯的一个地方，并不能形成媒介眼中的地方，而是通过媒介的视域，地方被赋予了文化含义。从地方来看重庆两江新区数字出版基地，一个印象是同质化形象严重，地域特色不显著。其中原因主要有两方面：一

---

① 重庆有全部 56 个民族，少数民族土家族人口最多［N/OL］. 重庆晨报，2014 - 11 - 13. http：//life. cqnews. net/html/2014 - 11/13/content_ 32595659. htm.

是由于原先的基础薄弱所受的影响,二是依赖国家数字出版政策的扶持,自身竞争力偏弱。

5.2.1 地方特色缺乏

作为我国第二家挂牌的园区,重庆市两江新区国家数字出版基地具有示范效应。但目前这方面还不明显。关于重庆两江新区国家数字出版基地的相关资料和信息,大多停留在基地建设时期,最新的发展资料匮乏。并且已有的资料大多是通过重庆市文化委员会和相关的新闻报道,或者是通过两江新区的官网得到的。重庆两江新区国家数字出版基地没有自己的官网,也没有官方的"两微一端",这就使得潜在受众无法具体了解基地的建设和发展,无形中切断了与受众交流的渠道,使得基地自身的影响力不高。政府的相关优惠政策并没有随着数字出版基地的快速崛起而及时更改和补充,造成政策滞后的情况发生,从而会影响基地的发展。

通过与基地内的一些企业交谈后了解,基地吸引他们的最主要的因素是重庆市对于入驻企业的免3年房租、税收减免、税收返还等优惠举措。3年期限过后,一些企业就走了。这些政策的背后一是相关政策的鼎力支持,二是一些企业的短视和见缝插针。这说明政策需要有后续举措来达到黏性效应。如果不进行相应调整,一旦其他地方有成本更低的优惠方案,这些企业将会被吸引过去,从而比较严重地影响到基地的发展。

同时重庆两江新区数字出版基地还存在地方特色缺乏的问题。基地总体感觉是一群数字出版企业集聚的群体,和其他21家国家数字出版基地类似,并没有给人有更深刻印象。入驻基地的企业大多是重庆本土企业,受众也主要是重庆本地人群。但基地对此并没有进行合理的规划,导致企业类型入驻不均,功能重复多。入驻企业考虑更多的是与自身发展相关的经济效益,考虑市场需求而很少考虑内容本身和企业自身的品牌。同时，企业之间相关度不高。如课堂内外主要服务中学生人群、维普期刊网负责数据库的建设和维护、爱奇艺属于视频制作公司等。这些企业并没有形成产业链方面的默契。2015年8月，重庆市数字出版联盟成立，虽然在一定程度上解决了数字出版产业之间关联度低的问题，但缺乏地方特色的问题依然存在，需要政府和相关企业共同来解决。

5.2.2 对外来人才吸引力弱，本地相关人才匮乏

随着数字出版时代的到来，出版业态和形态都发生了重大的变化，更加需要新型数字出版人才提供支撑。早在2009年，时任新闻出版总署署长柳斌杰就曾经说过"培养一批既熟悉专业出版知识，又掌握现代数字出版技术和善于经营管理的复合型出版人才，是刻不容缓的艰巨任务"[1]。数字出版业是数字文化业的核心业态之一，也是文化与科技融合的重要结点，从产业发展看，属于典型的融合型产业，跨越高新技术、信息技术、文化产业等多行业，其产业属性要求其必须具备较强的创新能力，而创新能力的根本是人才，尤其是融合型人才。数字出版企业是知识密集型企业，最重要的核心资源是人才。国家数字出版基地要发展，离不开优秀人才。作为国家级中心城市的重庆，却不像其他几个中心城市那样具有吸引力，根据2016年重庆人口统计，2016全年外出人口500.78万人，外来人口157.10万人，两者相抵净流出343.68万人。这说明，重庆虽然是一个人口大市，但存在着数量庞大的农村人口，长期作为东部沿海发达地区的人口输出地。虽然这一定程度上掩盖了人口的净流入，但也说明其吸引力弱，与重庆市的国际级中心城市定位有所不符。另外，也说明重庆市的人文观念和人才政策有待改变。对

---

[1] 柳斌杰. 加强复合型出版人才培养是数字出版发展的当务之急[EB/OL]. (2009–07–21) [2017–11–10]. http://www.gapp.gov.cn/govpublic/1014/81966.shtml.

于知识密集型的重庆两江国家数字出版基地而言，国家从政策、土地、资金、待遇等各方面打造了硬件设施。但这些基本上是针对企业层面的，少部分是针对企业领军人才的。数字出版基地对于人才的相关优惠，并没有在文件中体现。人才引进不仅仅是数字出版企业自己的事情，更是数字出版基地的事情，应该加以重视。

目前，重庆市数字出版业从业人员主要由文学、新闻学、计算机、信息工程和企业管理等专业人员构成，缺乏完全熟悉数字出版业务的复合型人才和具有纯粹数字出版教育背景的人才。主要原因有三个方面，一是目前数字出版从业单位多是传统出版单位转型或业务拓展，由事业部向产业单位转型，人员配置时更多倾向于存量人才就地转型，由此造成的后果是受传统出版业的影响，不同业务之间相互割裂断链，对产品开发、市场运营等相互不了解，导致产销脱节。二是重庆市目前数字出版产业环境还不适应数字出版人才成长。一方面，企业对数字出版重视不够，多数企业数字出版业务处于边缘地位，导致数字出版人才地位在出版单位边缘化，个人成长、薪酬待遇都无法与其付出的劳动成正比。另一方面重庆市数字出版人才自我成长的环境尚未形成，一旦遇到成长的天花板就会跳槽到数字出版企业集聚较多、技术先进的地区。三是企业对数字出版人才培养力度不够。各企业对数字出版人才培养缺乏中长期战略规划，不愿意对数字出版从业人员进行系统的培训。如2017年"全国数字出版千人计划"重庆获得4个指标，实际仅1人报名参训。

外来优秀人才引进力度弱的情况下，本地人才培养也需要加强。人才是推动产业发展的重要因素。既精通信息技术又熟悉内容出版的复合型人才的培养是突破数字出版发展瓶颈的重要途径。数字出版基地在建设过程中应该提供多样的功能型平台、优良的服务平台，吸引人才进入基地从事创新业务才是国家数字出版基地得以发展的根本保障。在数字出版领域，产业发展对人才专业素质有了更高、更全面的要求，而目前我国出版人才结构多是单一型的。数字出版复合型专业人才缺乏是我国国家数字出版基地建设面临的一大困境。由于数字出版迅猛发展,国家数字出版基地在全国陆续崛起,社会和高校对数字出版专业人才的培养缺乏足够的反应时间。高校数字出版师资力量匮乏,又缺乏与出版企业的交流、合作,教育教学与数字出版产业脱节,产学研断链,使得数字出版产业发展所需的既懂出版又会技术,还善经营的复合型数字出版人才供不应求。目前我国开设出版专业的高校为83所,其中招收方向为数字出版硕士研究生的院校有10所。数字出版的教育事业取得一定进展,但是整体来讲,数字出版课程设置的定位不够清晰,没有完全适应数字出版产业的发展需求,师资结构需要进一步优化。在数字出版行业交流群——数字出版在线中,"挖人"也是最热口的话题之一①。另外,部分企业不重视在职人员的继续培养,或者在培养方式和内容上跟不上数字出版形势发展的需要。数字出版人才还没有形成对数字出版产业的有力支撑。据专家预测,在未来3~5年内,中国数字媒体人才的缺口将达60万人之多②。这种情形下,目前复合型的数字出版人才的缺乏就成为创新发展的障碍和瓶颈。

重庆市是高等院校相对集中的城市之一,但相比北上广等一线城市,陕西西安、湖北武汉等高等教育强市来说,本地人才培养是远远不足的。根据教育部2016年发布的最新高校名单,上大学网经过统计,全国高校总数超10所的城市共51个,北京、广州和武汉依次位于前三甲,重庆、西安并列第五③。虽然数量上看来居于前列,但重点高校数量相比还很落后。重庆市高校63所,其中教育部直属高校2所,省部

---

① 尹琨,李淼. 数字出版人才供需:热门专业能否叩开企业大门 [N/OL]. 中国新闻出版报,2013 – 02 – 28. http：//www.chinaxwcb.com/2013 – 02/28/content_263949. htm.

② 王关义,李治堂. 传媒管理论道之企业·流程·员工 [M]. 北京:经济管理出版社,2014.

③ 高校数量最多的十大城市,北京17所居首 [EB/OL]. (2016 – 02 – 03) [2017 – 11 – 10]. https：//www.sohu.com/a/57934615_ 372471.

共建高校3所。最新的双一流大学名单中，只有重庆大学是一流大学，西南大学是一流学科。外界笑称重庆大学是没有一流学科的一流大学。这也说明重庆市的本地人才的培养还需要努力。至于与数字出版相关的专业更是缺乏。重庆市基本没有开设数字出版专业的高校，开设编辑出版专业的高校也很少。只是在个别高校中的相关专业细分中有所涉及。重庆两江新区数字出版基地要想实现跨越式发展，需要加强外地数字出版优秀人才的引进，同时利用高校培养和职业培养相结合的方式培养本土的数字出版人才，并加大培养力度。

5.2.3 基地内传统出版企业偏少，上下游配置不合理

国家数字出版基地建设的目的是打通数字出版产业链，共享资源，实现产业的"集群效应"。目前我国数字出版基地建设的现实情况却是由于盲目招商、缺乏对入驻企业严格的整体规划，使得入驻基地的企业结构不尽合理，从而影响基地资源的整合、上下游产业链的协作，产业聚合度降低，"集群效应"减弱。

入驻基地的企业中传统出版企业比例严重偏低，这种情况在全国的数字出版基地均有所存在。比如，入驻重庆两江新区国家数字出版基地的企业，有中文在线、维普、猪八戒网等数字技术提供商、数字网络和渠道运营商。但居于数字出版产业链上游，具有丰富内容资源的数字内容提供商，即传统出版企业却偏少。这一方面与传统出版企业对待数字出版的消极态度有关，另一方面说明基地选择企业强调经济回报而忽略产业上下游的协同配置，忽略企业的功能性。

5.3 景观：不完整的景观构建

作为地理学中重要概念的景观是指某地区或某种类型的自然景色，也指人工创造的景色森林景观。泛指自然景色，景象。在媒介地理学中，借用媒介视域，景观维度成为媒介进行描述和解释世界的一部分。在上海浦东新区、天津滨海新区后，由国务院直接批复的第三个国家级开发开放新区的重庆两江新区成为重庆市高新技术产业集聚区。重庆两江新区国家数字出版基地作为其中的重要组成部分，无疑是作为两江新区不可分割的景观向外界宣传。在基地规模逐年发展的同时，作为景观的基地自身构建也需要引起重视。

5.3.1 基地实体建设特色不明显，市场化发展不足

国家层面、重庆市层面、两江新区层面在政策方面对基地提供了全方位的支持。如重庆市政府从2009年到2012年每年拿出5000万元用于基地建设，重庆两江新区管委会则承诺拿出1亿元用于数字出版基地的发展，加上其他一些配套的相关政策，这些对于建成国家级的数字出版基地提供了相当大的便利。但经过研究团队成员的实地走访，与基地相关企业管理人员的座谈，加上相关调查问卷的统计数据表明，基地并没有如宣传的那样给人留下深刻印象。基地建设更多的是用于招商引企，填充基地空间了，而没有形成有标志性的建筑，在照母山科技城中没有凸显其独特性。无论从楼层对比，还是街道，还是景观标识，与其他科技大厦相比，都显得很不起眼。作为两江新区重要组成部分的国家数字出版基地，要在地理景观上体现国家特色，打造自身形象，形成独特定位。

以产业基地或产业园区发展新兴产业是全世界公认的有效方式。政企分离，市场化、企业化运作是各国数字出版基地运营发展的主流，如重庆两江新区国家数字出版基地成立了数字出版基地管理与服务公司。然而由于数字出版基地成立时间短、市场化运作经验不足等各种因素，其发展还处于摸索尝试阶段，目前还未能形成较为成熟的发展模式。科学制订具体的基地发展规划，体现区域特色，明确基地定位，在实际运作中进行基地差异化特色发展有待探究[1]。重庆两江新区国家数字出版基地不可避免也存在重视前期挂牌，忽视后期发展的情况存在。一方面，后续的支持机制不健全，基地内的主导产业方向把握不准确。基地有时在选择主导产业时候，没有经过详细论证，就匆忙上马，然后与基地定位不符，发展缓慢；部分基地追求"高大上"，与地区实际情况不符，优惠政策没有落到实处。

5.3.2 传播内容有待提高

在媒体融合时代，人们对世界的认识很大程度上是通过媒介融合传播工具，即通过报纸、广播、电视、网络等途径构建出一个"拟态环境"，它在很大程度上影响着人们对事情的判断和看法。这种通过影像生产和影像消费塑造出的社会，就叫景观社会[2]。重庆两江新区国家数字出版基地所生产传播的内容涉及了互联网出版、数字创意、数字教育、动漫游戏、数据库出版等五大产业，有华龙网、大渝网、猪八戒网、爱奇艺、课堂内外杂志社、西南师范大学出版社、完美世界、五四科技、维普咨询、维望科技等知名数字出版企业。基地的这些出版企业为了获得更好的经济效益，通过迎合用户喜好的方式来获取更多点击

---

[1] 宫丽颖. 我国国家数字出版基地建设分析[J]. 中国出版，2013（10下）：36-38.
[2] 邵培仁，杨丽萍. 媒介地理学：媒介作为文化图景的研究[M]. 北京：中国传媒大学出版社，2010.

量。传播内容也由内容取胜转变为标题制胜,由理性文化转变为快感文化,叙事文化转变为景观文化等。更有一小部分企业为了追求所谓的经济效益,传播一些色情、暴力、虚假信息。这样传播出来的"拟态环境"根本与现实不符,造成比较恶劣的社会影响。如 2015 年 3 月 31 日,文化部召开新闻通气会,通报第二十三批违法违规互联网文化活动查处名单,其中就有相关企业受到警告①。这说明基地在对相关企业的规范运作管理方面仍需要加强。

5.3.3 传播创新不足

传播创新不足主要原因在于国家数字出版基地目前处于产业集群形成阶段。处于这一阶段的数字出版基地主要由一些规模较小且雇佣人员较少的文化企业组成,这些企业在规模、技术和人才等方面的异质性使得企业之间难以进行有用信息的交流,基地内企业还没有建立完善的合作网络,因而,没有真正形成上、中、下游企业良性互动的产业链条,企业知识的溢出和传播也无法产生。例如,重庆两江新区国家数字出版基地内部存在维普资讯、腾讯大渝网、重庆商界杂志社、课堂内外杂志社等龙头企业,但是这些企业主要因政策吸引而入驻数字出版基地,企业间的关联性较低,尚未形成产业链之间的链接和凝聚,导致企业发展不协调,缺乏内在联系,各自为营,不能形成集聚效应②。

重庆市数字出版基地内数字出版企业对新技术的应用兴趣较浓,但对技术研发的愿望并不强烈,尤其是对未来发展具有"制空权"的技术研究力度不够。数字出版业技术日新月异,国家新闻出版管理部门也

---

① 文化部举行第二十三批违法违规互联网文化活动查处工作新闻通气会 [EB/OL]. (2015 – 03 – 31) [2017 – 11 – 10]. http: //www. mcprc. gov. cn/whzx/whyw/201503/t20150331_ 439865. html.
② 韦文杰. 国家数字出版基地的发展路径分析——重庆市北部新区国家数字出版基地 [J]. 经济研究导刊,2014 (13):213.

对此作了引导，但重庆市企业囿于投入产出的原因，未引起重视。一是由于企业本身研发力量有限，资源聚集能力有限。重庆市数字出版企业多为中小企业，研发人员少，资金投入有限，没有能力在战略性技术领域提前布局。二是投入产出周期较长，大型企业受绩效考核影响，不能持续投入，如重庆出版集团的 FRID 项目，前期投入较大，虽然获得专利，一直无法实现量产，只能放弃。三是市级研发资金分散未形成合力，不能引导企业集中搞研发，目前数字出版业横跨市文化委、市经信委和市科委三个主要部门，而数字出版企业业务指导属于文化委，相关企业在申报其他部门项目时，优势不大。四是相关政策落地难度较大。在创新驱动发展的大环境下，国家层面创新驱动发展的政策以及重庆市有关创新驱动发展的政策在数字出版领域落地难度大，一方面是因为数字出版的文化属性，受到准入限制，需要设计新的机制来突破体制制约；另一方面，数字出版核心骨干企业属于国有企业，执行创新驱动政策难度较大，因此多部门共同认可的激励制度有利于促进国家政策落地生效。

另外，企业的知识获取路径仅靠企业自身的积累，基地内的集体学习机制缺失，组织学习能力较弱，加上基地内也缺乏中介组织等知识信息中心，以致基地的整体创新能力不强。如天津国家数字出版基地正在建设数字出版版权认证中心和交易中心，但是根据其相关规定要求著作权人向版权局提交认证材料，显然这将导致海量数字内容的版权认证问题。可见，国家数字出版基地没有形成"政府扶持中介、中介服务企业"的良性循环。

5.4 尺度：产品只有本土性，金融支持有待加强

尺度是一个许多学科常用的概念，通常的理解是考察事物（或现象）特征与变化的时间和空间范围，其包括3个方面：客体（被考察对象）、主体（考察者，通常指人）、时空维①。在媒介地理学中，尺度具有本土性、区域性、全国性和全球性的特点，即从个体出发，由小及大。其中本土性和全球性是尺度的两端，作为研究媒介发展变化的重要依据。从尺度方面考量，重庆两江新区国家数字出版基地存在的问题就是其发展对象面向本土性，缺乏全球性。主要面向特点区域的用户，局限在当地领域市场，缺乏在全国甚至在国际市场上的竞争力。

5.4.1 发展主要局限于当地

通过考察重庆两江新区国家数字出版基地的入驻企业可以看出，腾讯大渝网、华龙网、重庆手机报等定位就是重庆主流媒体，其生产内容主要面向成渝等区域用户；课堂内外、爱奇艺、维普资讯、猪八戒网等产品虽然面向全国用户，但很少走出国门，走向国际舞台。目前基地内还没有相关的涉外数字出版企业入驻，也没有国外资本注入。这一方面说明重庆的文化消费更倾向于接受本地的数字出版物。但作为一个国家级的数字出版基地，不仅仅以本地需求为满足，更应面向全国，甚至国际。

当然，重庆市政府和重庆两江新区管委会对基地进行了多方面的宣

---

① 尺度［EB/OL］．［2017－11－10］．https：//baike.baidu.com/item/%E5%B0%BA%E5%BA%A6/13014731？fr=aladdin．

传和造势。如 2013 年 5 月举办的第九届深圳国际文化产业博览交易会上，重庆两江新区国家数字出版基地有 30 多家企业参展，向全国展示基地的数字出版成果；2015 年 9 月重庆文化产业博览会上，猪八戒网、腾讯大渝网、华龙网等均设有相关展位，相关媒体也进行了大篇幅报道。

5.4.2 金融支持尚未形成合力

重庆市数字出版业尚处在幼稚产业阶段，需要大量的资金投入。在业外资本进入产业存在壁垒时，优化业内资金配置，加大政策性资金引导是重要手段。重庆市用于数字出版的产业资金的较少，着力点分散。

从资金总量上看，重庆市市级财政直接用于数字出版的引导资金 100 万元，是从市级宣传文化资金中切块而来，每年资助 8－10 个项目，每个项目最高 20 万元。就数字出版产业项目而言，少则数百万元投入，多则上千万元。如重庆日报报业集团的"重报集团新闻内容生产及运营监管平台"实际投资 1.2 亿元，课堂内外杂志社"青少年文化教育数字服务及互动平台建设与运营"投入 3200 万元。除此之外，市科委、市经信委从科技研发资金、信息化资金中有相应的资助，从立项的数量和资助的金额来看，并不多。

从资金主渠道来看，重庆市可用于数字出版业的财政资金至少有三个渠道，一是数字出版管理部门渠道，即重庆市宣传文化专项资金，市委宣传部、市文化旅游委员会作为文化资金主要管理和配置部门；二是市科技专项资金，主要管理和配置部门是科委，该资金主要用于基础性、前沿性和当前需要突破的领域的研发，这一部分资金数量相对较大，但涉及各个领域，数字出版业部分基础性研究可获得此资金资助；三是工业化和信息化专项资金，主要管理和配置部门是市经信委，主要倾向于工业信息化改造，用于数字出版实验室以及相关基础平台研发，由于其设计主要针对大型的科研平台和项目，目前尚无数字出版单位获得资助。三个渠道资金的资助重心不一，相对分散，尚未形成合力。

从非主渠道看，数字出版业尚未对科技金融和文化投资基金形成吸引力。重庆市已经构建了市区两级科技金融体系，但由于数字出版投资大，技术迭代快，投入风险大，资金回收期长，并不为投资平台和基金看好，也没有出现大额投资合作的案例。而文化产业投资基金同样受到投资收益的影响，对数字出版业投资持谨慎态度，曾有相关投资公司投入市内某知名客户端6000万元，资金到账后，因看不到希望而撤资。

事实上，重庆市对数字出版业的资金支持力度整体不强，且较为分散，无法形成合力，共同推进数字出版业的发展。

5.5 本章小结

本章从媒介地理学的角度对重庆两江新区国家数字出版基地存在的问题进行了分析。在空间层面：基地偏地产运行，产业机构不完善；企业根植性不强；资源孤岛现象突出；精神存在感不足；少数族群的空间缺失。在地方层面：地方特色缺乏；对外来人才吸引力弱，本地相关人才匮乏；基地内传统出版企业偏少，上下游配置不合理。在景观层面：基地实体建设特色不明显，市场化发展不足；传播内容有待提高；传播创新不足。在尺度层面：发展主要局限于当地；金融支持尚未形成合力。以上这些问题的存在成为影响和制约重庆两江新区国家数字出版基地的因素，需要通过对国内外数字出版产业基地借鉴基础上结合重庆两江新区国家数字出版基地的实际，制定适合重庆数字出版产业发展的策略。

第六章

国内外数字出版产业基地发展借鉴

作为世界产业技术领头羊的美国,是产业园区开展最早的国家。1951年,美国斯坦福大学建立斯坦福工业园,也就是现在的硅谷,开创了高科技产业园区发展的先河。随后欧洲、东亚等地区也开始接踵发展工业园区。目前为止,全球范围内已存在上千个高科技产业园区。各国(地区)园区因为受到产业基础、制度等因素影响,他们的发展模式也是各有不同,为给重庆两江新区国家数字出版基地存在问题的解决提供相关参考,本研究选择了5家较有借鉴意义的园区,分析它们在发展战略、管理方法、人才引进等方面的优秀经验,这5家园区是国外的美国纽约SOHO区、英国伦敦西区和韩国坡州出版园区,国内的是上海张江国家数字出版基地和台湾新竹科技工业园。

6.1 美国纽约 SOHO 区

6.1.1 基本情况

纽约集中了全美各大媒体资源,包括纽约时报、华尔街日报、新闻集团、美国在线,以及 Guess、Calvin Klein 等世界著名服装、皮具品牌等。通过版权贸易,纽约的这些版权产品扩展到全世界,从而形成了美国的时尚之都,引领世界时尚潮流。

纽约 SOHO 区位于美国纽约市曼哈顿岛的西南端,一直被认为是 LOFT 生活方式的发源地。SOHO 是英语单词 SOUTH OF HOUSTON 的缩写,指的是处于美国纽约下城的 HOUSTON 街南。

SOHO 原本是纽约的一个工业区,在城市发展进程中,它逐渐由城市边缘变迁成为交通便利的城市中心区。时值金融业取代制造业而成为纽约市经济的支柱产业,该区域虽地处市中心,却备受城市发展的冷落。大批青年艺术家"发现"了这片位于城市中心的沃土,把这里的工业建筑改造成自己的生活空间和艺术工作室,这就是 LOFT 的起源。20 世纪 50 年代,为促进园区发展,纽约市政府出台法规,规定非艺术家不得进驻。全盛时期,面积不足纽约市区 1% 的 SOHO 区内,居住着全纽约 30% 以上的艺术家。到 20 世纪 60 年代,纽约政府对此区域进行旧城改造,商业产业在此地一触即发。文化交流中心、画廊等艺术机构的聚集给此区域的商业打下了时尚另类的烙印,餐饮、服务业、娱乐业在此地如鱼得水。

如今,SOHO 区成为一个集商业与艺术于一体的完善社区。由于商业化的侵蚀,SOHO 区的房价飞涨,生活成本飞涨。SOHO 区画廊林立而豪华,艺术市场多被画廊老板所垄断。自由的前卫艺术家已成为一代元老,新一代的艺术家认为苏荷"堕落"了,商业气氛已从根本上取代了艺术气氛①。

6.1.2 经验启示

1. 创意资本与园区形成良性互动

纽约依靠自身的国内外地位和综合实力,很自然地成为人才高地,

---

① 纽约 SOHO 区——商业和艺术的完美结合 [EB/OL]. [2017 - 11 - 10]. http://hb.qq.com/zt/2010/shuianguoji/.

各类人才的大量汇聚又激发城市建构创意资本的能力，进而为其创意产业园区的发展打下基础。SOHO区所在的曼哈顿岛是世界金融最发达的地区之一，雄厚的经济实力促进了创意园区的发育，园区的欣欣向荣又反过来推动城市经济增长，城市与园区的循环互动成为此类园区的重要生命体征。

2. 开放多元的文化氛围

纽约开放多元的城市文化能够创造大量机会释放不同群体的创意，因而可以吸引文化创意人才的聚集，并为其提供激发创意的永久动力，推动创意产业园区不断发展。纽约是著名的移民城市，自由、宽容、生活方式多元化，对艺术家产生了致命的吸引力。艺术家在SOHO区集聚之后，这种开放多元的城市文化又进一步促进园区的创造活力，造就了如今时尚、个性、前卫，集艺术、时尚、购物、休闲于一体的都市休闲创意产业园区。

6.2 英国伦敦西区

6.2.1 基本情况

英国是世界上第一个提出创意理念，又是第一个用政策来推动创意产业发展的国家。在英国创意产业迅速发展的过程中，首都伦敦是当之无愧的领头羊。伦敦创意产业的艺术基础设施占全英国的40%，集中了全国约90%的音乐商业活动、70%的影视活动；伦敦拥有全国85%以上的时尚设计师，1/3以上的设计机构都位于伦敦；伦敦的音乐产业产值大约占英国音乐产业产值的50%；广播与电视产业一半以上的雇员在伦敦工作；伦敦还是英国游戏产业中心。如今，创意产业已成为伦敦最大的产业部门之一，产出和就业量仅次于金融与商业服务业。①

伦敦西区的发展历史可以看作是英国戏剧的发展历史。16世纪末，英国出现了第一家露天剧院。在此之前，戏班子只能在街头巷尾和酒吧中流动演出。16、17世纪是英国戏剧的黄金时期，莎士比亚创作了大量深入人心的作品，戏剧开始由寻找观众变为在固定场所演出吸引观众。由于王宫、教堂等重要建筑都集中在伦敦西部地区，英国的早期剧场也就集中在了市中心一带，奠定了西区的基础。此后，经过历次的瘟疫、大火和战争，西区的剧院不断地得到改建，逐渐形成今日的规模。20世纪初特别是第一次世界大战之后，西区剧院迎来了最后一次大发展时期，虽然后来又经历了二战的炮火，但今日的西区基本保持了30年代的格局。英国戏剧对世界的贡献是不言而喻的，西区对于英国戏剧的发展所起到的作用更是毋庸置疑。尤为重要的是，时至今日，西区作为一个戏剧中心和娱乐中心，在英国的经济中发挥了越来越令人瞩目的作用，成为一股不可忽视的力量②。

6.2.2 经验启示

1. 政府政策支持

伦敦西区在发展的过程中，得到了政府政策的大力扶持和相关措施的资助。政府负责文化创意产业的相关机构如英格兰艺术委员会（Arts Council England）、伦敦发展机构（the London Development Agency）、英国文化媒体体育部（DCMS）、剧院托拉斯（The Theatres Trust）等一批政府部门和社会团体对西区的发展提供了很多政策、资金和技术上的支持。伦敦剧院协会也将募集资金作为其重要任务之一。

---

① 章琦. 上海离世界创意之都还有多远 [N/OL]. 解放日报，2008-12-1. http://id.m6699.com/content-8189.htm.
② 伦敦西区. [EB/OL]. [2017-11-10]. https://baike.baidu.com/item/%E4%BC%A6%E6%95%A6%E8%A5%BF%E5%8C%BA/5829740?fr=aladdin.

政府相关机构通过项目的形式资助园区内的文化艺术创作。英国的"一臂之距"文化管理模式在这方面已经非常成熟。所谓"一臂之距"模式，是指政府不直接干预文化产业各公司和组织的运行，而是通过建立不属于官方的中间组织，由一些中立的艺术或文化事业方面的专家为政府提供指导意见并负责文化经费的具体划拨，其监管主要依靠各种行业委员会和完善的法律体系。这种文化管理模式有助于保证创意产业园区的自主性，保持文化的延续性。

2. 本土化与多样化的融合

与票价低廉的电影和普及到户的电视相比，戏剧的观众要相对固定一些。据统计，西区的观众，无论是英国人还是海外游客都以中上等收入、受过良好教育的人群为主，多为管理阶层人士。音乐剧的观众主要是外地游客，而严肃话剧、歌剧和芭蕾舞等则以伦敦本地和将观看演出作为经常性消费项目的人群为主；34岁以下的年轻观众偏爱喜剧、悬念剧，35岁至55岁的观众喜爱经典话剧和音乐剧，55岁以上的观众则更喜欢话剧、歌剧和芭蕾；年长一些的观众比年轻人更经常到西区观看演出，在每年平均到西区观看演出6次以上的观众中55岁以上的人占47%，25岁以下的年轻人有34%。不同口味的观众在西区都能找到自己中意的节目，而西区的魅力和优势正在于它在有限的空间内为观众提供了多样的选择，以集体的优势吸引庞大的观众群，产生连锁效益。

6.3 韩国坡州出版园区

6.3.1 基本情况

坡州出版文化信息产业园区，即坡州出版园区，是韩国为了发展出版文化产业而建立的唯一产业园区,同时也是国际书镇组织(International Organization of Book Towns)成员之一。因为韩国出版业不景气,再加上出版社参差不齐、分布零星无法应对沉重的印刷、发行和流通成本,而出版社希望能够通过聚集在一起,在萧条中找出路,因此坡州出版园区应运而生。1988年,专业美术出版社"悦话堂"的李起雄与八名出版商朋友共同呼吁业界建立统一出版园区,希望创造舒适的工作环境,各方共享资源,让做书成为一种生活方式①。出版园区选址最开始并不是地理位置较偏僻的坡州,而是选择在首尔日山地区,但是因为当地过高的置地价格,使得只能选择在坡州。但是在坡州,出版园区的发展也并不顺利,起初由于交通不便,很多员工离职,后来随着人口迁入,交通改善,坡州出版园区才迎来了新一轮发展。韩国政府依照振兴文化艺术的规定,给予进驻坡州出版园区的企业5年全免、3年半免税赋的优惠条件,购地建屋的企业,还可申请低利率贷款②。现在,韩国国内知名的出版社、印刷公司、设计公司和版权代理机构及出版流通企业已经进驻园区,同时影像、广播和通信企业也在逐渐入驻。为了使园区内员工更好地上下班,解决交通不便问题,首尔与坡州之间还备有专车接送。"亚洲出版文化暨资讯中心"是坡州出版园区的主要营运管理机构,基金会负责经营亚洲文化暨文化资讯中心,拓展产业交流,开展各类文艺活动和提供出版相关研究等。坡州出版园区非常注重国内出版文化的推广,"坡州儿童图书展"从2003年初首次举办,延续至今;2006年大型坡州书会面世,这个书会在每年的九、十月份举办,除了传统的图书节活动外,还增加了娱乐表演、电影节、科学家见面会等其他文化娱乐活动。同时还注重国外的宣传,坡州出版园区以整体形象参

---

① 郭瑞社. 韩国坡州出版城:超越对Book City的所有设想[J]. 出版参考, 2013 (10): 45-46.
② 向勇, 刘静主编. 中国文化创意产业园区实践与观察[M]. 北京:红旗出版社, 2012.

加了柏林建筑展和法兰克福国际书展。2012年北京国际图书博览会中,坡州出版园区组团来华进行宣传,给国内的出版同仁留下了深刻的印象。

6.3.2 经验启示

1. 产业链完整

坡州出版园区的发展特色是民间主导,在亲历了韩国出版产业的发展低潮期后,作为创始人的几个出版商人在出版城建设伊始,就有非常鲜明的问题导向,这一特色使得出版城能够更加清晰、精准地对自身职能及承载内容进行定位。出版城有包含编辑、印刷、流通环节的较为完整的产业链,同时也建立了信息交互平台,企业之间可通过平台更好地找准自身在产业链条中的位置,避免不必要的竞争造成的资源浪费。出版城发展初期因为受到地价高昂、交通不便等因素影响,使得发展不是一帆风顺,但是在后期逐渐吸引大量企业集聚,目前已有350多家公司入驻园区,年销售记录达到了1兆7千亿韩元(1万韩元约等于57元人民币)[①]。坡州出版园区的成功是民间力量对于出版产业集聚的一种探索,作为直接从事出版产业的商人,在园区规划、产业定位、企业引进等方面有着更加专业化的认识。如何在国内数字出版基地中利用这种优势是一件值得思考的事情。

2. 良好的产业协同

出版园区的发展模式是现代园区产城融合的一个范本,产城融合的本质是从功能主义导向朝人本主义导向的一种回归,园区从单纯的产业发展,提升至城市发展理念,建立完整的生态圈。在坡州出版园区取得一定成效和知名度之后,韩国政府鼓励民间资本进入,将出版园区与艺术村、英语村、韩流坞(Hallyuwood)等文化资源整合,打造集出版、

---

① 姜梦诗,李起雄. 用理想打造韩国坡州出版城[N]晶报,2015-05-21(07).

艺术、影视、娱乐、旅游观光于一体的文化特色产业集群，推动产业协同发展，将坡州出版园区的内涵进一步深化，打造文化城市。国家数字出版基地入驻的经济技术开发区、高新技术开发区等园区在创立之初都是以产业发展、技术提升为重点，在功能上类似一个单纯的工作卫星城，"孤岛"式发展带来了诸如空间匮乏、配套滞后、产业发展后劲不足等问题。需要进一步转变发展理念，提升园区的综合服务能力，将园区建设成集生产、生活、休闲等功能为一体的"产业新城"。

6.4 上海张江国家数字出版基地

6.4.1 基本情况

近年来，我国的数字出版产业实现了跨越式发展，随着数字出版产业的高速发展，数字出版正在成为新闻出版业的一个新增长点。为加快我国数字出版产业的发展，2008年由政府主导，依托市场，上海张江高科技园区成立了我国第一家国家数字出版基地。这里集聚了大批的微电子企业、电子电器制造企业以及通信设备制造企业，这些现有资源可以为数字出版产业发展形成技术支撑①。政府为张江基地的发展提供了配套良好的基础设施、优质的服务支持、优惠的税收等，这些举措使得张江国家数字出版基地产生了巨大的吸引力，吸引数字出版企业向园区集聚，企业的集聚效应带动了相关的人才、技术、资金、信息等的集中。

---

① 金永成，钱春丽．数字出版产业园区的集聚效应研究——以上海张江国家数字出版产业基地为例［J］．科技与出版，2013（10）：14-17．

据资料统计显示，张江国家数字基地2015年营业收入达到322.10亿元，同比增长18%；新增入驻企业70多家，累计入驻企业总数超过550家，涵盖数字出版、网络游戏、网络视听、互联网教育、文化装备、动漫影视等上下游产业领域。

2015年，由张江基地建设、维护的三大主要功能性服务平台——数字作品版权登记保护平台、数字文档转化服务平台、上海数字信息传播服务平台均实现了验收结项。这里以数字作品版权登记保护平台为例，自2012年7月上线以来，已累计登记了49万余件作品，软件著作权登记近3万件。如果以每年8万件，每件至少100元（市场价）计算，每年为企业节约成本800万元。

上海张江文化控股有限公司是上海张江（集团）有限公司下属全资国有企业，承担着整个张江园区的文化产业运营管理。张江文控总经理、张江基地董事长韩露认为，基地一直在发挥孵化器的功能，但是，通过对孵化器行业的运营经验和观察发现，单独的一个孵化器不能构成一个商业模式，"这个链条是不完整的，它一定要嵌在某个完整的链条当中"。

"孵化＋投资"是张江基地近年来探索的模式。把财政项目补贴变成风险投资，撬动更大的社会资本，再让专业管理团队投项目，更有利于促进基地的良性发展。据介绍，上海张江文化控股有限公司先后参与了华人文化产业投资基金、上海文化产业股权投资基金等，由专业团队投资项目，比如沪江网、炫动卡通等。

2015年初，上海张江文化控股有限公司与芒果TV签约成立骅伟股权投资基金，以8000万元撬动了社会资本5.2亿元，总额6亿元的投资基金将投向"文化＋科技"领域的种子期、初创期项目。2015年11月，国务院发展研究中心发布中国文化产业榜单，上海张江文化控股有限公司张江文控荣登文化产业园百强榜榜首。

其他张江基地内的企业还包括亮风台信息科技有限公司、尚网络、沪江网、小蚁科技、薄荷科技等，他们各具特色。如亮风台信息科技有限公司研发的图像识别和增强现实技术，处于国际领先水平；尚网络旗下的Wi-Fi万能钥匙海外日均新增用户达到60万，已经覆盖223个国家和地区；沪江网专注于互联网教育服务平台，用户数量已经突破1亿大关，刷新了互联网教育行业的最新纪录；做视频的小蚁科技成为小米智能家电生态链的重要一环；薄荷科技成为在线体重管理运营商，推出的薄荷网、手机应用等均在国内在线减肥领域占据领先地位。

同时，张江国家数字出版基地内相关企业在上下游合作取得了可喜成果。喜马拉雅FM与河马动画"联姻"共同开展音频内容版权开发合作，还计划在喜马拉雅FM上线"喜马拉雅—河马动画"专区；阅文集团战略投资喜马拉雅FM，达成版权合作，在文学作品的有声改编等IP衍生发展领域共谋合作；PPTV聚力也与阅文集团携手，一方拥有IP，一方拥有平台，将打通产业链，深入IP开发制作过程，以保证IP价值在出版、影视、游戏、动漫、音乐、周边等各产业领域充分开发、优质开发。

张江国家数字出版基地搭建了很多线上线下平台来促进、推动企业间的交流与合作。例如每年一场的创业家活动"张江创e产业沙龙"，来自产业圈、创业圈、投资圈的百余位名人大咖集聚一堂，围绕一个主题展开一场头脑风暴。此外，还有每月一次的"文化大讲堂"，每周一次的"文化科技融合"小型线下论坛、创意空间微信等。

2015年6月，上海张江文化控股有限公司打造的具有产业特色的众创空间——"创e空间"正式启动，针对那些仅仅有创业计划，甚至只是胸怀创业理想的"准创业者"。除半年全免费提供必要办公条件及共享的商务会议中心、文印中心外，"创e空间"还推出了包括先行先试政策、各类资源集成、平台要素的集聚、创业导师及投融资团队等服务举措。截至2015年底，"创e空间"已经举办项目路演9次，参加评选项目已经超过 50 个,包括"秦朔朋友圈""手抓地图"等①。

一连串的提升上海张江国家数字出版基地创业环境的举措包括:上海张江高新技术创业服务中心与上海力贺邦众创空间管理有限公司签约,共建韩国 REHOBOTH 上海张江国际孵化器;"创 e 空间"与基地 6 家合作伙伴签约,搭建园区创新创业全周期服务平台,等等。其中,建筑面积 10 万平方米,涵盖公共服务平台、孵化器集群、国际多功能展区等多功能的国创中心项目则是重中之重。

根据国创中心规划,除了文化创意产业、"互联网+"、智能制造等领域企业外,还将设立单体 3000 平方米以上的企业研发总部区域。据初步计算,未来将至少有 200 余家企业入驻,创建浦东创新业态的标志。而与以往张江办公楼宇建造方案思路不同,国创中心按照 ShoppingMall 的思路进行改造。

6.4.2 经验启示

1. 完善的基地治理体系

上海张江作为成立最早、建设经验最为丰富的国家数字出版基地,现阶段已基本形成较为完善的基地治理体系。主要包括产业配套环境、人才培养系统、政策支持系统、园区生活配套设施以及中介服务配套环境。

产业配套环境分为硬件和软件平台,其中公共技术平台(硬件)包括高端制作工作站等,为园区企业提供技术支撑。公共服务平台(软件)包括孵化器负责培育中小企业;版权服务中心、维护著作权人合法权利;版权交易中心帮助版权权利人和版权市场参与者发现价值、实现价值;版权登记保护中心科学的技术手段管理和保护数字作品的版

---

① 张江国家数字出版基地:"试验田"变创业热土 [EB/OL]. (2016-04-14) [2017-11-10]. http://www.sohu.com/a/69218484_115415.

权；综合信息服务中心、负责园区内各个主体之间的信息管理与共享；投融资服务中心、满足园区企业的金融需求。平台搭建以技术支持和知识产权保护为重中之重，能够助力数字出版产业的发展。同时基地也非常注重人才培养，张江附近高校较少，但是园区很早就开通了到复旦、交大等高校的交通路线，而且积极与高校合作，在张江设立了软件学院、创新学院等，为整个张江园区提供人才和研发支持。张江国家数字出版基地不仅享受整个张江高新技术园区的配套政策，同时还专门针对数字出版产业发展需要，对出版公共服务平台建设、大型数据库建设、数字出版企业技术研发及内容原创、数字出版项目产业化给予专门的配套政策，使得政策更加精准化。基地内住宿、出行、餐饮、生活、娱乐、商务设施一应俱全，还成立了人才交流中心、版权纠纷调解中心等中介服务机构，为基地内企业提供全方位的服务。

2. 良好的企业成长模式

张江国家数字出版基地所入驻的张江高新技术开发区有一套非常具有特色的科技与金融相结合的新模式——"张江模式"。一方面园区管委会与金融机构共同打造企业金融服务品牌，引入授信审批机制，为园区内的科技型小微企业提供科学的授信方案和灵活的组合担保方式，并开辟"张江绿色服务通道"，重点解决小微型科技企业融资难题[1]；另一方面，将风险投资与企业孵化结合在一起。风险投资不仅可以给予高新技术企业资金支持，还可提供信息、咨询等服务，协助企业经营，监督企业财务状况，推动企业更好地成长[2]。

---

[1] 李治国. 上海："张江模式"开拓新一轮创新之路 [N]. 经济日报，2012-07-13（11）.

[2] 司春杰. 张江高科技园区板块：创新的 [J]. 浦东开发，2010（6）18-19.

6.5 台湾新竹科技工业园

6.5.1 基本情况

台湾新竹科技工业园成立于1980年，到目前为止已经有超过400家的科技工业、服务业企业进驻，主要产业包括半导体业、电脑业、通讯业、光电业、精密机械产业与生物技术产业。园区设立的最初动力来自政策推动，台湾发展到20世纪70年代末，劳动力短缺现象日益严重，主要依靠劳动密集型产业的台湾经济陷入瓶颈，面临着经济结构转型升级的迫切问题。由于科技力量相对薄弱，单纯依靠市场力量难以使高科技产业得到快速发展，因此新竹科技工业园主要依靠政府的力量来促进高科技产业的发展。按照硅谷的模式来发展新竹科技工业园的计划，是园区建立之初，台湾地区就决定好的。新竹科技工业园区的成功源自政府主导与硅谷模式相结合，既得益于政府在产业发展初期的政策聚焦和大为推动，也借鉴了硅谷的创新机制和风险投资机制，取二者之长。

6.5.2 经验启示

1. 政策引领恰当

政府重视引领创新资本，成立了由政府投资的风险资本，通过奖励等手段，给高新技术和战略性产业注入了多种资金。同时成立了上市前股票市场，使得未上市的高科技公司可以提前实现资本的自由流动，方便、迅速地募集资金，推动产业的快速成长。同时政府注重产业研究，能够较好地把握未来的产业发展导向，看到科技发展的巨大潜力时，便开始引导和培育企业的发展，力争抓住下一波产业发展的先发优势。

2. 主导产业协同

新竹科学工业园重视以主导产业为中心打造完整、高效的产业链条，这个产业链条使园区企业的产业联系得更加紧密、息息相关。以 IC 产业为例，工业园 IC 产业在台湾地区处于垄断地位，园区内的 IC 产业不仅形成上游（设计）、中游（制造）、下游（封装测试）完整的产业链条，更是紧紧围绕产业设计将相关利益主体协同在一个无形平台上，通过协作、创新、竞争，将设计、制造、营销与为客户服务结合在一起①，使产业链各个环节都能共享创新资源，促进创新网络顺利生成，从而实现园区产值和国际竞争力的快速提升。

3. 中介组织活跃

中介组织在新竹科技工业园发挥了非常重要的连接作用，它们是政府、企业、高校、科研机构等主体之间的沟通桥梁，维系并促进各个主体之间的联系，形成有效的创新网络，推动企业在创新方面更加活跃，实现园区和企业的共同发展。

4. 人力资源丰富

丰富的人力资源是新竹科技工业园成功的一个重要因素，工业园的很多创业人员都有在美国硅谷担任过高科技公司工程师的经历，这些回台湾创业的工程师不仅给工业园带来了世界领先的技术，同样也用先进的经营管理理念影响着工业园的发展，推动着工业园先进的发展视野，站在更高的发展台阶上。为了吸引更多的人才进驻，工业园制定了非常优厚的人才政策，例如允许科技人员将技术或者专利折合为股份参与投资，对于拥有高学历、高技术的人才实行来者不拒的移民政策。除了不断引进高技术人才，工业园也非常注重本土人才的培养，园区规定入驻

---

① 保定市社科联. 台湾新竹科学工业园发展现状及其对保定的借鉴研究［EB/OL］.（2014 - 12 - 05）［2017 - 11 - 10］. http：//www.bd508.com/doc/145.shtml.

企业所雇佣的本地科技人才需要达到科技人员总数的50%以上。人才"引进+培养"的模式使得园内拥有高等教育员工的比例比一般产业高很多。

6.6 国内外数字产业园比较分析

重庆两江新区国家数字出版基地作为全国第二家数字出版基地，其发展特点与国内其他数字出版基地既有共同之处，又有许多不同的地方。本研究主要通过运营模式和政策支持来分析国内14家国家数字出版基地的特色，同时通过中外文化产业园对比来总结经验，从而更好地促进重庆两江新区国家数字出版基地的发展。

6.6.1 运营模式对比

运营模式是对企业各项管理工作的总称。我国国家数字出版基地的建设是在政府主导下成立和发展的，对基地的管理权大多数仍掌握在地方政府或新闻出版局手中，或者是政府投资、委托的企业手中。具体见表6.1。

表6.1 国家数字出版基地运营模式统评表

基地名称	主要产业	运营模式
上海张江国家数字出版基地	影视动漫、网络游戏、文化创意、电子书、互联网等	基地下属公司负责基地运营

续表

基地名称	主要产业	运营模式
重庆两江新区国家数字出版基地	云计算	管理、运营、发展、服务四位一体，政府出资的全资子公司对基地管理
杭州国家数字出版基地	动漫游戏	除采用公司化运作模式之外，采用了"上下联动、组团发展"模式
湖南中南国家数字出版基地	数字内容、数字版权、数字出版投融资	基地下属公司负责基地运营
华中国家数字出版基地	数字内容研发、数字教育、动漫游戏、衍生产品开发	由政府授权委托企业运营，实现基地市场化
天津国家数字出版基地	云计算	天津港保税区管委会负责基地管理
广东国家数字出版基地	电子报纸、电子图书、手机出版	广东省出版集团有限公司负责基地的建设和运营
西安国家数字出版基地	电子书、数字动漫、网络游戏	政企合作
江苏国家数字出版基地	电子书、游戏、动漫	公司负责运营
安徽国家数字出版基地	数字动漫、数字音乐、数字影像、数字博物馆	高新区管委会负责
海峡国家数字出版基地	数据库出版	政府监管
北京国家数字出版基地	电子图书、数字报刊、数字音乐、数字视频、网游动漫	基地建设办公室负责

续表

基地名称	主要产业	运营模式
江西国家数字出版基地	数字传媒、动漫游戏、数字内容、手机应用	政府负责
青岛国家数字出版基地	动漫游戏、网络出版、数字教育	政府负责

如表6.1所示，广东省出版集团有限公司负责广东基地的建设运营。陕西西安基地则由政府和企业投资成立的公司共同负责基地的运营。由此可见，政府管理着我国绝大多数数字出版基地。这种运营管理模式有着明显的优势，比如国家政策支持的优势、政治优势、组织优势，但另外一方面也有着极大的弊端，表现在以下几个方面：第一，企业领导偏行政化。第二，企业领导缺乏经营意识。第三，基地或园区的运营缺乏有效地监督。因此笔者建议政府适当放开管理权以活跃市场。比如在2013年，上海市就发布了相关意见，要求园区下放软件企业登记、审核等的审批权限①，这都是值得借鉴的。

6.6.2 政策支持对比

政策支持主要有三个方面的政策，第一是宏观层面上的国家政策。第二是中观层面上的基地所在园区的政策。第三是微观层面上的基地本身的政策。在中观层面的政策上，各基地主要在税收、房租、投融资等方面予以优惠。

各地方政府为了促进本区域数字出版基地的建设，都出台了一系列利好的政策。上海从政府的层面，财政补贴的方式，对基地内的企业进行扶持。上海张江基地对符合要求的企业高管，个人所得税的16.8%

---

① 凌媛媛，顾玲挂. 上海张江高新技术产业开发区政策协同创新的现状问题分析[J]. 未来与发展，2015（10）：108－113.

予以补贴；重庆市政府每年拿出5000万元作为专项资金打造基地；广东省各级政府都有相应的政策和资金支持基地发展，已经组建了一批技术和服务公共平台，这些有利因素为企业快速集聚和产业发展提供了保障；湖北省和武汉市为入驻的数字出版企业提供了包括退税免税、贷款贴息等优惠政策，并且每年拿出2000万专项经费支持数字出版产业的发展。同时武汉经济开发区制定了系列扶持政策，对入驻的企业给予物业购买折扣或租金补贴，并打造了投融资、人才培养与公共服务三个平台，以此来推动数字出版产业的发展，并且每年提供3000万-5000万的数字出版企业发展项目专项资金，用于基地公共基础设施建设和功能性的平台建设，以及融资贴息等；天津对进驻基地的企业在税收、房租、人才吸引、专项资金支持等方面享受优惠政策，对从业人员在户口、子女就学等方面提供支持。另外，天津市政府在融资方面也为中小企业开辟了多种绿色通道，如专项资金的下拨、担保中心的成立，这些都满足了中小企业的资金需要。纵观各基地出台的政策，大体上存在着许多相似之处，如税收、房租等，主要的区别在于补贴的力度以及地方政府的扶持力度等方面。

6.6.3 中外文化产业园对比

上文所列举的美国纽约的SOHO区、英国伦敦西区、韩国坡州出版园区、上海张江国家数字出版基地、台湾新竹科技工业园区这五家文化创意园区发展各有特色。除此外，还有很多的创意园区。如韩国首尔媒体数字城（NMC）是韩国多媒体产业聚集的一个典型园区。韩国首尔媒体数字城占地约60万平方米，核心的业务包括娱乐媒体广播电视、电影、动漫、音乐、游戏、数字化教育以及软件开发相关的IT服务。首尔媒体数字城园区的开发和建设和我国国家数字出版基地的规划类似，都是以政府主导为主。拥有近40年历史的曼彻斯特科学园（MSP）是英国著名的创意产业园区，至今，科学园在英国已经建立了3个园区，入驻企业超过100家，其发展模式也渐渐成熟。园区的主要产业以文化创意产业为主，金融服务和商务服务为导向，逐步由工业向商务转变。通过分析这些园区，可以找到下列的共同点。

1. 科学慎重地开发

产业聚集园区的规划、建设与开发是一个复杂的系统工程，必须经过多方全面的论证，评估园区建设的可能性和风险性，进而进行深入细致的考察论证，才能在政府或企业的主导下规划发展，因此往往需要大量的人力、物力和资金的投入，必须慎重、谨慎。花费的时间成本自然也是一部分。例如，韩国首尔媒体数字城从1997年规划到2002年开始建成共经历了5年的时间。2002年开始开发到2015年开发完成，共经历了13年的时间，一共用了15年的时间。曼彻斯特科学园从1978年规划到1984年投入使用总共经历了6年的时间。

相比较而言，我国国家数字出版基地的建设则显得比较快。从原新闻出版总署批复到挂牌成立，我国10家已经挂牌成立的数字出版基地从获批到挂牌的平均周期为8.7个月，最长的为杭州国家数字出版基地为24个月。这在一定程度上虽然说明了我国国家数字出版基地的建设效率，但也可能有地方政府急功近利的做法。基地和园区往往还没有完整地规划好，就已经开始投入运营，造成了大量的公共资源浪费，入驻的企业率较低等一系列问题。相关政府机构在审批时，一定要做好全方位细致充分的评估工作。地方政府在筹建基地、招标运营时，以及在后期招商引资时，都应该做到科学慎重的规划。

2. 充分融入当地经济建设。

韩国首尔媒体数字城的规划紧紧依托首尔，用首尔的发展带动园区的进步，园区在发展的同时，充分利用园区周围的基础设施；曼彻斯特科学园起步的时候适逢曼彻斯特正在从以工业为中心转向以服务业为中心。这一点也是值得我国国家数字出版基地借鉴的。基地在发展的同时，可充分融入当地的经济发展，这样一方面可以节约企业的运作成本，另一方面可以增加企业与当地经济的黏性，与地方经济有更好的沟通、循环。

3. 产业定位清晰且灵活。

韩国首尔数字媒体城锁定的企业主要是数字媒体企业，但也给予普通企业，尤其是中小型创业企业支持，这一点跟我国大多数数字出版基地类似。英国曼彻斯特科学园重点支持中小企业，这些中小企业涉及软件产业、文化创意等，经过十多年的发展，这些中小企业在壮大园区的同时，自身发展得越来越好，经济效益增长惊人。英国曼彻斯特科学园在引进企业的时候，衡量企业的指标不仅仅是看企业的经营记录，更重要的是根据企业的发展潜力和创新能力来选择。因此，我国数字出版基地在招商引资时，也应该扩大对中小企业的扶持，不能仅仅引进龙头企业，对中小企业也应该给予重视，因为中小企业往往发展潜力巨大，自身的创新能力较强，相比于一些大的企业而言，活力更大。

4. 运营方式新颖。

韩国首尔媒体数字城以卖地合作为主，曼彻斯特则是土地租赁。韩国首尔数字城入驻的企业通常会将总部一并迁入，而曼彻斯特入驻的企业通常是办事机构或分公司。更为重要的一点是，当地政府在土地政策上比较"宽容"。比如曼彻斯特科学园从政府拿地的时间通常会很短，一般从提出申请到获批只要几天，这与我国国家数字出版基地用地拓展大不相同。因此，我国国家数字出版基地当地政府应根据实际情况，科学合理高效地解决基地的用地需求。此外，曼彻斯特科学园还会定期举行园区企业间的学术交流活动，使整个园区在区内互相联系起来。在对外方面，园区会组织各种推介交流活动，帮助园区内的企业走出去，这些都是值得我国国家数字出版基地学习和借鉴的。

5. 配套措施完善

韩国首尔媒体数字城和英国曼彻斯特科学园在物业管理上都采取了完整的配套措施，如酒店、公寓、购物娱乐中心，我国许多数字出版基地同样如此。值得一提的是，曼彻斯特科技园在完善配套措施的同时，会对入驻的企业免费进行对外宣传，帮助企业拓展服务，这一点应该值得我国国家数字出版基地学习。

6. 加大与政府、教育机构的合作

无论是韩国首尔媒体数字城或者是曼彻斯特科技园，两者都与政府和教育机构有密切的合作。韩国数字媒体城会邀请政府部门入驻，并且与政府积极商榷，不断拓展公共服务业务，例如档案馆、会议中心的建设。韩国媒体数字城也邀请了一些院校的办学机构入驻，像日本的学校、德国的技术学院都已经入驻园区，与园区开展各项合作。曼彻斯特科学园则长期保持着与政府机构的合作，同时也跟英国各种经济金融机构开展业务往来，有效地扩大了园区的知名度。而对于我国数字出版基地而言，政府通常做的只是管理，基地与政府间的合作甚少，因此笔者建议地方政府应适当放开管理权，增强基地的活力。

6.7 本章小结

本章主要分析了国内外 5 个优秀园区，分别是美国纽约的 SOHO 区、英国伦敦西区、韩国坡州出版园区、上海张江国家数字出版基地、台湾新竹科技工业园区。各自介绍了这些优秀园区的基本情况，以及获得的经验启示等。最后从数字出版基地对比的角度，首先从运营模式、政策支持对比分析了国内 14 家国家数字出版基地的不同特色；其次从中外文化产业园对比的角度，综合分析了国外文化产业园的优点，如科学慎重地开发园区、园区要充分融合当地经济建设、园区的产业定位要清晰、运营方式要新颖、培养设施应完善、要加大与政府和教育机构的合作力度等。对国内外数字产业园的分析所得出的经验和启示对重庆两江新区国家数字出版基地的发展有着非常宝贵的借鉴作用。

第七章

重庆两江新区国家数字出版基地个案分析

重庆两江新区数字出版基地有不少优秀的企业。他们在一定程度上代表了基地的发展水平和发展未来。这里选择了互联网出版企业的代表华龙网和数字内容创意企业的代表猪八戒网。

7.1 华龙网

7.1.1 发展概况

华龙网成立于2000年,是国务院新闻办公室批准组建的首批省级重点新闻网站。是重庆首个拥有新闻采访权的网络新闻媒体和"十媒一体"的全媒体网站,华龙网始终坚持"世界小点、重庆大点"的奋斗目标,紧紧围绕"新闻·门户·网站"发展战略,始终坚持正确舆论导向,积极打造以华龙网为龙头、以移动互联网为核心的现代传播体系[①]。

[①] 2016年度优秀互联网企业出炉 华龙网榜上有名[EB/OL]. (2016-04-07)[2019-02-15]. http://news.163.com/17/0408/10/CHGC75KF00018AOP.html.

华龙网日均影响受众超过3000万人次，手机报集群用户超过1000万，APP集群用户超过400万，Alexa全球排名1000名左右，在全国省级重点新闻网站中保持排名前三，被转载指数排名第一。华龙网还开设了英语、日语、法语、韩语等4个外语频道，以及新加坡联合早报网重庆频道、新西兰中国城网重庆频道，面向全球报道重庆，用户覆盖面突破200个国家和地区。在连续三年获得中国新闻奖二等奖的基础上，2016年荣获中国新闻奖一等奖，实现了重庆新闻界零的突破。

2014年2月，华龙网成为集团公司，探索"互联网＋"产业发展路子，初步培育了互联网数据取证、互联网征信、大数据管理运营和物联网应用等业务为一体的"互联网＋"产业集群，构建互联网健康生态①。2016年12月，集团有限公司整体变更为集团股份有限公司。其中新闻版块有新闻中心、视听中心、舆情中心及全媒体营销中心等部门，集门户网站、重庆客户端、区县客户端集群、户外LED、视频、电子阅报屏、广播、微信、微博、手机报集群等融媒体传播矩阵；产业版块有亿坤科技、华龙信用、华龙艾迪、新华龙掌媒和海数科技等子公司，开展互联网取证、互联网征信、互联网体育、互联网游戏、互联网彩票、大数据管理运营、网络安全、物联网应用和特色电商等业务形成互联网产业集群。

作为重庆唯一拥有新闻采访权的网络新闻媒体，华龙网原创新闻影响广泛，并于2016年荣获中国新闻奖一等奖②。其主打栏目《百姓故事》《今日话题》《万花瞳》《问政调查》等新闻品牌栏目和《山城攻

---

① 康延芳，周梦莹. 重庆华龙网集团揭牌"看重庆"新闻客户端重装上线［EB/OL］. (2014-02-24)［2019-02-15］. http://news.163.com/14/0224/15/9LS2BJ9F00014AEE.html.

② 黄军. 重庆新闻界零的突破：华龙网喜获中国新闻奖一等奖！［EB/OL］. (2016-11-02)［2019-02-15］. http://cq.cqnews.net/html/2016-11/02/content_39277561.htm.

略》等资讯品牌栏目，深受网民喜爱。华龙网目前设有 10 余个新闻频道和 20 多个资讯类频道，已搭建集微博、微信、手机报、客户端、直播平台等全媒体矩阵，成为集新闻信息、资讯服务、数字出版、视听于一体的新媒体平台。此外，网站还开设了英语、日语、法语、韩语等四个外语频道，以及新加坡联合早报网重庆频道、新西兰中国城网重庆频道，面向全球报道重庆，读者覆盖面突破 200 个国家和地区，成为世界了解重庆信息的重要窗口和平台。

7.1.2 发展特点

1. 拥有强大媒体资源

作为重庆日报报业集团旗下的华龙网拥有一般地方新闻网站不具备的资源条件，地方政府也给予多种护持，这是其发展一个很重要的特点。

（1）继承传统媒体受众资源

地方新闻门户网站的华龙网的诞生带有报业集团或广电集团的基因，传统媒体所积累的影响力和公信力也使得华龙网有了良好的发展根基。华龙网是由重庆日报报业集团创办，国务院新闻办公室批准组建的全国首批省级重点新闻网站，同时重庆广播电视集团（总台）也持有相当股份。除《重庆时报》和外媒驻渝机构外，绝大多数的媒介市场份额都被两大集团下属媒体占有。华龙网自建制开始，就承袭了这一受众基础。

（2）无偿使用内容资源

作为重庆日报报业集团和广电集团联手打造的新媒体，华龙网可以无偿使用两大集团下属媒体的内容资源，不仅节约成本也不存在侵权风险，还可根据自己的版面需求安排内容。

（3）借助政府背景，获取原创采编权

华龙网获得政府支持，拥有自主采编权，可以培育适应网络媒体特征的采编团队。与传统媒体相比，网络媒体最大的优势时效性强，不仅采编时间大大缩短，记者甚至还可以做到实时播发重大新闻，这就与传统媒体打了个时间差，可在第一时间吸引受众的关注。

2. 定位以重视本土化和民生为主线

华龙网主要受众包括以下三类：生活在本地的重庆市民，生活在外地的重庆市民，曾在重庆生活、工作、学习现在依然关心重庆的外地市民。华龙网将自己的内容产品定位于：以新闻为根本并提供综合信息的地方新闻门户网站，侧重于打造"第一时间报道重庆"的原创新闻平台，立足本土市场向全国辐射，扩大影响、树立品牌。华龙网把内容建设放在了首位，即使在资金周转不顺畅的压力下，对内容建设的投入也很"大方"——重新打造访谈直播间，将发布系统提档升级，为数字记者添置装备，实施采编播一体化试点，建立突发事件半小时响应机制、设立6种外语发布体系，将工作重点放在提升原创能力和拓展渠道上。除访谈直播、专题制作和多语种发布频次、质量大幅提升外，成为重庆区域内新闻信息量最大、最全和交互性最强的。

在重大题材的报道宣传中，华龙网一直奉行"扬长避短，有所为有所不为"的方针，一方面避免重大题材的报道与大型商业网站或中央级网络媒体撞车，另一方面积极寻找与重庆市民相关的切入点进行报道。

3. 以总成本为导向加强资源整合

（1）加强与传统媒体合作，节约内容生产成本

注重本土化的内容产品是华龙网突破掣肘的一把利刃。本来就拥有传统媒体资本基于的地方华龙网，完全通过加强与传统媒体的合作来降低自己的生产成本。华龙网首页最重要的三个版面：头条新闻、重庆新闻、新闻中心，不仅只呈现自己的原创新闻，在资讯的挑选上，也把同城其他媒体的资讯融汇到一起进行挑选，这样做有两个好处：①补充原创新闻漏掉的题材；②可以从同题报道中则取更优秀的新闻作品进行

173

推送。

（2）向商业网站学习，降低营运成本

华龙网向商业门户网站学习，不断拓展自己的营收渠道，对内注重业务创新，对外寻找恰当的合作。华龙网除了拓宽已有的手机报业务、数字报业务、网络广播服务、网络电视服务和两江社区等营收项目，还顺时应势推出了网吧桌面、重庆3G门户、微博平台、公交车移动电视、户外LED屏幕等新渠道，从"五媒一体"蜕变为"七媒一体"，从"新闻网站"转身成为拥有综合服务能力的"新闻门户网站"。

除了拓展渠道，华龙网从商业网站取经还包括并购成熟资产。如2011年4月，为解决手机终端的本地化应用，华龙网管理团队经过反复的调研、论证、谈判，并征求了公司董事会和上级主管宣传部门的同意后，决定收购重庆亿坤科技公司51%的股份，从而以自主研发、培育成本一半不到的价格一举将成熟的技术支撑平台和研发团队收入麾下，节约了大量的人才培育成本和技术研发成本。事实证明这样的并购是明智之举：半年之后，成效显现，《重庆手机报》本地用户大幅上涨增至70万，全网用户总数接近200万[①]。

7.1.3　存在问题

1. 资金缺乏

小到办公场地的租赁费，大至人力资源费，对于大多数依靠财政拨款的地方新闻门户网站而言，无疑是沉重的负担，除去这些日常开销已所剩无几，几乎拿不出多余的钱来支持内容拓展和品牌经营。这种一味靠"输血"，而不建立自身"造血"机制的地方新闻门户网站是无法长时间运维的。如何让地方新闻门户网站建立自身的"造血"机制呢？

---

① 万婧. 地方新闻门户网站发展现状与创新策略研究——以"华龙网"为例［D］. 重庆：重庆工商大学硕士学位论文，2013.

必须切断地方新闻门户网站对财政拨款的依赖和体制内的限制，把网站推向市场，按照市场规律运作，产生经济效益，从而实现盈亏自负。不过，在国新办获得资质的地方新闻门户网站还肩负有舆论导向的重要责任，在迎合受众做大做强内容的同时，不能让经济效益凌驾于社会效益之上。

2. 社交媒体的冲击

在网络新闻兴起之初，网民获取新闻的途径主要通过各大央级主流媒体、商业门户网站和地方新闻网站。在地域性较强的本地新闻方面，地方重点新闻网站表现出明显的优势。在重庆地区，华龙网以其权威性、及时性和真实性成为网民获取重庆本土新闻的不二之选。然而，随着各大社交媒体的蓬勃发展，网络新闻的互动性体现得越来越明显，其传播渠道也不断被扩大。社交媒体和网民的双向互动关系削弱了传统新闻网站自上而下的传播权威，受众对于新闻更有选择权和参与感，不再局限于打开新闻网站逐条浏览新闻。通过微博、微信等社交媒体，受众既可以主动订阅、关注和搜索感兴趣的新闻内容，还可以有选择性地查看系统推送和朋友分享的新闻资讯。在这样的背景下，新闻的社交化传播成为新趋势：（1）新闻生产社会化。社交媒体的新闻生产和发布门槛被降低，已经变成一个全员参与的过程。各大社交媒体每天都会发布大量有价值的新闻信息，这些信息被众多用户接收和再次传播，完成新闻的社会化生产。（2）新闻真相"众筹"化。传统的网络新闻来源于网站记者和编辑，网民只能作为信息的接收方。但社交媒体实现了"人人都有麦克风"，每位身处新闻现场的社会公众都拥有讲述事实、还原真相的权利，不再对官方媒体产生巨大的依赖性。面对一些扑朔迷离的事件，大量网友通过社交媒体发布新闻现场的图片、视频等，用"众筹"的方式还原新闻真相。（3）新闻传播圈子化。社交媒体奠定了熟人或半熟人的社交关系网，在网状结构内部的新闻传播方式往往更精准。面对信息量巨大的新闻消息，人们通常不会照单全收，而是更愿意阅读经过圈子内朋友筛选和推荐的有价值、感兴趣的新闻内容。依托社交关系网可以有效地增强新闻传播的有效性。由此可见，面对社交媒体新闻传播的强烈冲击，华龙网尽管作为重庆地区最具影响力的网络媒体，依然承受着巨大的压力。

3. 移动互联对新闻阅读习惯的冲击

据《2015－2016中国手机新闻客户端市场研究报告》数据显示，2015年我国手机新闻客户端用户已突破5亿，在手机网民中的渗透率达77.8%，新闻客户端已成为"指上"一族日常生活密不可分的一部分，37.6%的手机网民会通过手机新闻客户端来获取新闻①。移动终端的"井喷式"发展，不仅改变了人类的生活方式，更对传统新闻媒介造成巨大的冲击。无论是纸媒、电视媒体、广播媒体或是早期的PC端网络媒体，都受到了或多或少的影响。首先，就传者和受者的关系而言，移动互联进一步促进了二者角色的交互变换，传播模式从单线进行变为双向互动。PC端网络新闻的互动依然受时间、地点、终端等限制，无法完成双向实时的交互体验。其次，从新闻的即时性来看，移动终端可以随时随地接收和发布新闻讯息，以手机为代表的移动终端以其移动性和伴随性赢得了极大的用户黏性，很好地诠释了麦克卢汉"媒介即人的延伸"的观点。再次，从用户的个性体验来看，以"用户为中心"的互联网思维决定了移动新闻客户端必须重视对不同用户个性化需求的深度挖掘。在移动互联环境下，用户在手机、平板电脑等终端上使用新闻客户端，基本实现了"一人一机"的配置，

从而弥补了PC端网络新闻无法实现个性化精准推送的弊端。由此，受众的新闻阅读习惯已经伴随移动互联网的迅速发展发生了潜移默化的改变，许多网民已不再每天打开电脑逐条浏览新闻网站的消息，而

---

① 2015－2016中国手机新闻客户端市场研究报告［EB/OL］.（2016－01－27）［2019－02－15］. http://www.iimedia.cn/40593.html.

是利用碎片化的时间通过移动互联终端快速、精准地捕捉新闻信息。对于华龙网而言,在移动互联环境下应运而生的"两微一端"建设也就变得十分重要。保持现有用户的忠诚度,并顺应移动互联趋势打造更具吸引力的微博、微信和客户端成为华龙网当前面临的巨大挑战。

7.1.4 优化策略

1. 加大本地新闻和文化的传播力度

(1) 主动设置议程,制造网络话题

"议程设置功能"是大众传播宏观效果理论的一个重要假说,其主要观点是大众传播具有一种为公众设置"议事日程"的功能,大众传媒作为"大事"加以报道的问题,同样也作为"大事"反映在公众的意识当中。传媒给予的强调越多,公众对该问题的重视程度也就越高。和传统媒体相比,网络媒体对于大众议程设置的影响表现出不同的形式:首先,网络媒体的媒介形式更加丰富,可以融文字、图片、视频、音频等于一体,可以在全媒体互动的过程中对受众产生很大的影响;其次,传统媒体的议题设置仅仅存在历时性,而网络议题设置还存在共时性,时效优势明显;最后,传统媒体的容量受限,而网络媒体的容量近乎无穷。由此看来,华龙网作为新媒体环境下重庆地区最有影响力的网络媒体,掌握一手本地新闻资源,充分发挥议程设置作用的优势表现得十分明显。只有加强议程设置的主动性,利用已有资源为受众挖掘更多可能引起关注的新闻话题,用话题热度带动新闻或专题热度,才能占领舆论高地,从而提高新闻网站的热度和吸引力。

(2) 挖掘本地新闻,扩大原创比重

华龙网作为省级重点新闻网站,是重庆地区"基层"网络媒体中唯一拥有独立采访权的媒体,比起商业新闻网站和中央新闻网站而言,可以获得更多的"一线新闻",这是华龙网的优势所在。其实,对于本地新闻和原创新闻而言,华龙网已经意识到它的重要性,并且设置了

"原创新闻"栏目,但是从上文对"原创新闻"栏目的分析来看,每天的数量约30条,占网站新闻总量的比重较小,而且基本以简短消息的形式呈现,大部分只有文字,没有配图,属于"快餐式"的新闻消息,总体来看在详尽程度、创新程度和吸引力上面仍有待提高。此外,在获取一线新闻素材的同时,也应该注重核实求证和深入挖掘,提高原创新闻的水平。尤其是对于来源于网络渠道的一手新闻素材,更应该加强把关,保证其真实性。综上,华龙网仍需要加大对本地新闻和原创新闻的重视程度,在符合新闻规律的基础上深入挖掘本地新闻,扩大原创比重,才能形成网站的核心竞争力。

(3)开设文化专栏,传播本土文化

互联网资源日渐丰富,人们可以通过网络渠道获取海量的数据和信息,不仅仅需要获取重要的新闻资讯,也希望看到更多形态丰富、内容多元的文化资讯产品,以满足精神层面的需求。就目前各大地方重点新闻网站上广泛传播的文化产品来看,虽然种类繁多,但大多是面向全国范围的大众产品,具有鲜明地域特色的或已形成区域性品牌效应的文化产品仍然相对缺乏,华龙网也不例外。在"互联网+"的背景下,华龙网可以融新闻与文化为一体,专门开设文化专栏,强化新闻体系的文化板块建设,以此为契机大力传播重庆本土文化。其一,由于华龙网具有官方权威性,可以将其作为城市形象的展示平台,大量投放重庆市区及各区县的城市宣传片等;其二,可以作为网络文化艺术的聚集地,在该平台播放具有巴渝文化地域特色的微电影、戏剧作品等,还可以作为巴渝文化艺术展览、大型文化艺术节、文艺演出等的重要宣传阵地,丰富市民的文化艺术生活;第三,可以为市民提供草根文化艺术作品展示平台,将该平台对所有市民免费开放,作品只要经过审核便可在这一平台上进行展示。用户对新媒体的使用不仅是阅读,更重要的是参与、互动、展示和分享。将华龙网作为展示平台对公众开放,对于重庆本地新闻和巴渝文化的传播具有积极作用。

2. 地方新闻网站向移动和互联转型

（1）基于LBS定位技术的本地新闻生产

LBS是基于位置的服务，它是通过电信移动运营商的无线电通信网络（如GSM网、CDMA网）或外部定位方式（如GPS）获取移动终端用户的位置信息（地理坐标，或大地坐标），在地理信息系统平台的支持下，为用户提供相应服务的一种增值业务①。具体说来，LBS包含的功能属性，一是确定用户的地理位置，二是提供基于位置的各类信息服务。因此，将LBS运用于新闻生产，可以增加信息投放的精确度，并在更高层次上满足受众的个性化需求。通常来说，基于LBS的新闻生产主要经过以下流程：首先是基于LBS的新闻信息源的搜集。用户在使用移动终端的过程中，只要开启定位功能便会在其终端后台留下位置数据，LBS定位技术可以准确获取新闻信息源的地理位置，搜集新闻素材。其次要将搜集到的信息进行筛选并归类整理。获取信息后，要先将其进行筛选分类，根据位置、类别的不同进行简单归类，最终放入数据库的指定位置。经过分门别类后，新闻制作就会更简洁、明晰。最后是新闻的推送。一个是主动推送，即根据用户打开新闻应用时后台捕捉的位置记录，主动向用户推送当地的新闻信息。另一个是用户订阅，即用户自主订阅的特定类别的新闻信息，后台收到用户的要求后再将已经分类完成的新闻按需推送给用户。与传统的网络新闻生产相比，基于LBS的新闻生产，更加重视信息的本土化、分众化和接近性。对于本地优势明显的华龙网而言，更应该将LBS技术运用起来，渗透到新闻素材搜集、分类和推送各个环节，挖掘出LBS定位功能之于新闻生产流程中的更大潜力。

---

① LBS基于位置服务．[EB/OL]．[2019-02-15]．https：//baike.baidu.com/item/LBS/1742？fr=aladdin．

(2) 加强社会公共服务功能的资讯传递

华龙网在品牌、公信力、政府资源等方面都占据绝对优势，不仅是最具专业度和公信力的地方新闻平台，也在进一步研发应用服务功能，成为受众的日常生活助手。由于华龙网是面向重庆本地的，其产品和服务的范围设定更明显、针对性更强，更易于根据实际情况开展民生服务，拥有的资源可以轻松涵盖政务、新闻、交通、便民、生活、娱乐、医疗、旅游和教育等智能服务，立足当地市场，将本地服务资源高度集成化。

华龙网APP"重庆"的生活服务已经开通了有线电视、燃气费、失物招领、发票查询等入口，作为便民服务的快捷通道，将零散的本地服务资源进行整合，构建智能服务一体化模式。这样一来，作为新闻加服务的综合网络平台，华龙网不仅要为市民提供服务入口，更要加大对服务功能的新闻宣传作用。第一，通过新闻宣传扩大市民对公共服务的周知度，加大平台的利用率。第二，服务不仅仅是实体的事务型服务，也包括对各类生活资讯的传递，如向用户推送促销信息、旅游地资讯、便民新规等服务型生活资讯。通过新闻和服务的配套推广，才能将华龙网打造成集新闻资讯和民生服务为一体的新型媒介平台。

(3) 细分受众需求实现按需推送

在各种新兴媒体的作用下，受众感知和捕捉新闻信息的能力普遍增强，获取新闻的方式也不再是被动地全盘接受。在多元的移动互联网环境下，受众需求的差异化越来越明显，同质化的新闻产品不可能同时满足众多用户的个性化需求。这也就要求新闻制作者必须加大对受众分析的重视程度，针对不同需求类型的受众群体做出有差异的产品，将新闻进行分众化按需推送。在华龙网客户端上，用户不仅可以通过主动订阅的方式自主选择需要的新闻类别，并根据需求程度进行重要性排序，还可以通过被动推送的途径直接接收特定类型的新闻。在后台大数据技术条件的支持下，可以实现对用户数据的全流量采集，每个用户的操作和浏览痕迹都可以被捕捉、记录和追踪，并通过后台系统对用户数据进行深度关联分析。通过对用户自行选择的浏览内容和界面停留时长的分析，可以判断出用户对新闻的需求和偏好；通过对用户每日阅读时间段和频率的分析，可以判断出用户在使用新媒体获取新闻资讯的阅读习惯。因此，华龙网有条件综合利用大数据的分析结果对用户行为做出合理的推断和预判，从而将符合用户需求和阅读习惯的新闻内容进行按需推送。

3. 大数据新闻平台构建

（1）聚合多种媒体，整合新闻数据

"大数据""云计算""物联网"等大数据时代的新兴产物加速了媒体融合的进程，传统的新闻通常由单一媒介独立生产完成，然而大数据新闻则需要全面聚合不同媒介、不同终端的数据资源，尽可能扩大数据库的容量，打通不同形态的媒介间的接口，保证信息渠道的畅通，为数据的挖掘、分析、整理提供最有利的条件。尤其是近年来，高度发达的各类自媒体和社交媒体，已经成为主流媒体之外另一个强大的民间舆论场，拥有着非常丰富的数据资源。因此，华龙网要想实现数据库扩容则必须涵盖各大社交媒体，利用大数据技术通过对热门话题、热门帖子的检索，对网民阅读、转发、评论内容的挖掘分析，才能真正了解受众需求，把握大数据新闻的方向。同时，在媒体融合的影响下，不同媒体之间的边界越来越模糊，媒体和许多跨界互联网企业之间也出现了交集，表现出全媒体化、泛媒体化的趋势。媒体的技术力量相对薄弱且范围有限，如果仅仅依靠媒体力量有时并不能完美地呈现数据新闻的表达效果，因此，不仅要注重媒体行业间的融合，也要注重媒体同各类泛媒体间的融合，如技术优势明显的互联网企业。如华龙网和奇虎360等互联网企业的技术合作就是良好的发展势头，应该继续保持并发扬，同更多的技术力量展开深度合作，才能将数据挖掘和整合能力做大做强。

（2）利用数据驱动，提升新闻报道深度

我国的深度报道自20世纪80年代兴起以来，其深度的发展一直是业界难以突破的瓶颈。深度报道也同样是华龙网的短板之一，其中一个重要因素就是数据挖掘力量薄弱。然而，在大数据技术的支撑下，从前单纯告知结果式的报道方式逐渐不被公众接受。当一则没有说服力的新闻给受众带来疑惑时，受众可以随时随地通过各种社交平台提出自己的质疑，甚至可能引发舆论热潮。这样的媒介生态环境为媒体人的职业技能提出了更高的要求，受众更需要的是有理有据的精确新闻，是凭借事实依据、通过大数据分析得出结论的分析式报道，从而启发和引导受众探寻事件背后潜藏联系和深层根源。由此，数据驱动的深度报道必然会成为大势所趋。这也就意味着，在华龙网的新闻团队里，除了记者、编辑岗位外，还需要设置专门的数据分析师等岗位作为技术支持，建立专业的深度报道团队，完善深度报道的生产机制，这样才能真正提升数据驱动下的新闻深度。

（3）注重交互体验，实现动态可视化

大数据新闻除了能够提升新闻的广度和深度，还有一个重要的特点，就是能够将准确可靠的事实内容通过灵活生动的可视化形式展示出来，还可以实现与受众的互动。总体来说，我国现有的大数据新闻可视化程度依然整体偏低，如四大门户网站虽均已在数据新闻上开始了几年的实践，但呈现方式占比最高的依然是静态化信息图表，很少出现加入用户体验的双向互动的动态效果展示。华龙网在这方面也存在同样的问题，虽已开设大数据技术支持下的"华龙图解"栏目，但也以静态图表的呈现方式居多，动态可视化效果薄弱。这样一来，只是完成了新闻数据的平铺展示，并未将其转化为数据新闻。因此，要想真正体现大数据新闻的效用价值，则必须发挥大数据新闻的优势，充分遵循媒介生态环境的发展规律，注重可视化和交互性，带给受众最舒适便捷的大数据新闻阅读体验①。

7.2 猪八戒网

7.2.1 发展概况

猪八戒网是服务众包平台。由原《重庆晚报》记者朱明跃创办于2006年,服务交易品类涵盖创意设计、网站建设、网络营销、文案策划、生活服务等多种行业。猪八戒网有千万服务商为企业、公共机构和个人提供定制化的解决方案,将创意、智慧、技能转化为商业价值和社会价值。

目前该网还是中国领先的服务众包平台,在过去威客时代,一个威客网站,无非属于设计、开发、营销三大品类。

2011年猪八戒网获得IDG投资并被评选为中国2011年度"最佳商业模式十强"企业。2015年6月15日,猪八戒网宣布分别获得来自重庆两江新区产业投资基金10亿元融资和赛伯乐集团的10亿元、16亿元融资,将计划打造全国最大的在线服务电子商务交易平台,完成融资后,会执行平台零佣金制度,不再收取20%的交易佣金②。

2015年12月,猪八戒网原有的"猪标局"与快智慧整合升级为

---

① 罗玉婷. 华龙网"新闻立网"现状与发展策略研究 [D]. 重庆: 重庆工商大学硕士学位论文, 2016.
② 李颖平. 众包网站"猪八戒"新融26亿元 [EB/OL]. (2015-06-15) [2019-02-15]. https://new.qq.com/cmsn/20150615/20150615050512.

"八戒知识产权"①。2016年1月18日,人民网·人民在线与猪八戒网战略合作框架协议签订仪式在人民日报社新媒体大厦举行。2016年8月,全国联动,共同打造史上首个属于创业者的服务电商节——"八月八免单日"②。2018年3月7日,猪八戒网已经彻底拆除了VIE架构,现在已经是一个纯粹的内资公司。

7.2.2 发展特点

1. 会员营销方式

个人或企业在猪八戒网站注册后就成为会员,拥有自己的个人账户。如果是需求方,可以通过猪八戒平台发布需求任务,并向网站支付任务的酬金,然后从众多的竞标方案中挑选出一个满意的作品中标,猪八戒网抽取赏金的20%作为中介服务费。如果是威客,可以通过浏览网站平台上发布的悬赏任务来挑选符合自己的目标任务,然后提交出作品方案,最后中标后获取猪八戒网奖励的悬赏金额的80%。每一个有意愿注册猪八戒网的个人或企业都将会自动获得一个自己的宣传链接,点击该链接补充信息就能注册成为其会员了。无论该会员通过猪八戒平台是发布需求,还是参与任务竞标并最终中标,都能获得猪八戒网的现金奖励。目前猪八戒网的会员营销方式主要有两种:(1)需求方通过甲会员的宣传链接在平台上注册成功,通过猪八戒网发布需求任务,甲将得到的奖励为:任务酬金×8%。(2)威客通过乙会员的宣传链接在平台上注册成功,若最终任务中标,乙将得到的奖励为:任务酬金×1.6%

---

① 猪八戒网战略投资思博网成立"八戒知识产权"[EB/OL]. (2017-12-11) [2017-11-10]. http://news.ifeng.com/a/20151211/46626227_0.shtml.
② 朱燕. 人民网与猪八戒网在京签订战略合作协议[EB/OL]. (2016-01-19) [2017-11-10]. http://finance.people.com.cn/n1/2016/0119/c1004-28066304.html.

2. 资金管理方式

猪八戒网的资金管理模式跟其他电子商务网站一样，建立"诚付宝"账户，其相当于会员托管在威客平台的个人资金账户，是链接服务交易双方的纽带。另外，猪八戒还跟银行合作，为其会员转账、提取现金等提供了很大的便利。并且，还与第三方中介平台合作，比如快钱、支付宝、易宝等，使其需求方与威客方的交易更加安全可靠。

3. 交易方式

（1）计件方式

该方式指需求方按照一个合理的需求相应支付一份威客酬金的形式进行选稿，并立即支付中标威客报酬的交易模式。挑选稿件作品的数量是根据需求方的要求来定。

（2）竞标·先交稿方式

该方式指需求方通过猪八戒网平台发布任务，并把全部的任务酬金托营到"诚付宝"账户中，从威客提供的众多的竞标作品中挑选出满意方案的交易模式。任务酬金金额的20%作为猪八戒网的中介服务费。

（3）一对一·先报价方式

该方式指需求方在猪八戒平台发布任务时并没有把任务酬金托管到"诚付宝"账户，先根据威客们提供的报价和威客们以往的作品质量来挑选一位威客完成工作的交易模式。

（4）一对一·先抢标方式

该方式指需求方在猪八戒网发布任务时，先将99元诚意金放到其威客平台上托管，再由众多威客们进行抢标，同时抢标的威客们也需要将诚意金放到平台上托管，最终需求方选中一位威客来完成任务的交易模式。

（5）一对一·服务方式

该方式指交易双方把诚意金托管到猪八戒平台上，直接进行沟通交易的交易模式。

3. 盈利方式

（1）抽取任务酬金交易额

从每次交易中抽取中介服务费用是目前大部分威客服务商的利润收入。目前猪八戒网的任务酬金分配原则：中标会员获得任务酬金的80%；任务酬金剩余的20%将作为猪八戒网的中介服务费。

（2）任务酬金的归属

猪八戒网要求需求方发布任务后就将任务酬金全款打到"诚付宝"账户中，虽然单项任务的酬金金额不多，但是每天的交易量较大，这些酬金累加起来也是笔不小的金额，其所得的利息就可以成为网站的利润收入。除此之外，在任务发布后，猪八戒网是不会将酬金退还需求方的，这就保证了威客的利益，同时也是网站收入稳定的保障。

（3）广告收入

广告收入是传统网站最常见的盈利形式，威客网站也不例外。很多企业通过猪八戒平台刊登广告进行营销宣传。而广告的形式也是多种多样，比如网站页面的 Banner 图片广告、弹窗广告、悬浮式窗口广告、视频广告等等。

（4）其他收入

猪八戒网可以通过通讯以及其他增值业务来作为收入来源，还可以充当第三方支付的角色。

7.2.3 存在问题

1. 定价机制不完善

威客网站平台当初主要是提供平面设计类的智力产品的交易，后来随着威客网站知名度的扩大、需求方的需求多样化，目前平台上交易的对象不仅仅是智力相关产品，还有其他商务服务和生活服务，比如快递、家政、搬家等。但是我们不得不承认一个事实，所有威客网站成交的任务金额基本都在万元以下的范围，同样是为了得到解决问题的答案，需求方在威客平台上支付的价格要远远低于其他渠道的价格，甚至低于市场费用的三分之一。除此之外，即使是同样类似的任务，比如企业宣传册设计，不同的需求方所奖励的任务酬金在金额上也存在很大差别，两者间有时相差10倍甚至更多，而从两个要求的任务内容来看，是差不多的。其中原因是猪八戒威客网的定价机制不完善，另外就是需求方贪图便宜的心理，想以低价购买高质量的作品。（1）在整个的交易过程中，任务酬金是由需求方单方面定价，需求方自愿出多少酬金，这项任务的知识产品就是这个价位，而提交作品的威客对于定价是没有任何影响力的。（2）猪八戒网本身对于每项任务的价格没有任何相关指导和建议，对于需求方的出价行为不进行任何管理和干预，任由需求方出价。需求方借鉴于以往发布的类似任务，抱着比低不比高的心态，定价行为更加随意。这样就导致威客不愿意投入太多的时间和精力来完成任务，相应的出品方案质量差，达不到需求方的要求，需求方就不愿意支付酬金，威客更不满意，最终将会导致威客纷纷流失。

2. 信用机制需要加强

诚信一直是交易的核心，交易是建立在交易双方相互信任的基础之上，诚信是威客的生存之道。威客网站完善的信用机制是其网站有序运行的保障，对其交易双方权益的保证。尽管现在的威客网站在信用机制方面一直在努力改进，但是离真正的完善的信用机制还相差甚远。具体而言，有以下几方面。

（1）支付方式信任度不足

在电子商务活动中，针对支付方式问题，需求方、提供方、平台三方之间都持互相怀疑的态度，需求方担心付款后得不到满意的解决问题的答案，提供方担心提交作品后拿不到酬金，如果把任务酬金先交给威客平台托管，任务完成结束后再由平台支付，虽然在一定程度上对于双方的交易起到了保险的作用，但是双方又有威客平台携款潜逃的焦虑。如今，大家共同认为第三方支付平台是实现电子商务交易信用机制的一个强有力的工具，因为其拥有信用中介的信誉保证、可拓展性的功能、收费方便快捷等优势。可看出，只有猪八戒网推出了第三方支付平台，建立有"诚付宝"账户，支付方式相对而言比较安全。目前而言，在整个威客行业中，需求方把任务酬金直接通过银行汇款给到威客网站的支付形式占大多数，这种支付形式的信任度不高。

（2）信用评分体系未落在实处

威客平台交易的智力类创意产品，此类产品的价值只有需求方在实际应用后才能知道是否被市场所认可，是否达到自己想要的效果；威客则担忧自己创意出来的作品成果一旦被需求方看到，就相当于创意思路被曝光，就失去了其价值，需求方可以不购买，而模仿出其作品。因此，在双方的交易过程中信用评价就显得尤为重要，而信用值是更好地进行交易方式的通行证。如果需求方的信用值较高，说明每次任务的酬金比较合理，付款比较诚信，将来再次发布任务，会有更多的威客参与竞标，也就有更多选择来挑选满意的创意作品；如果威客的信用值较高，证明创意能力强，作品水平高，在将来的竞标任务中更多机会被选中标。由此看来，交易双方在互不了解对方实力的情况下，通过信用评分等级来判断，合作机会比较大。

3. 盈利机制有待提升

目前猪八戒威客网主要的盈利来源于从交易金额中抽取20%作为中介服务费，此外还有冻结速配模式交易双方的99元诚意金和部分广告费用。而市场上一些网站比如时间财富网为了吸引更多的会员，推出了会员等级制，高级会员享有更低费用的服务费。猪八戒网本身就是在低成本经营，如果单纯地降低收取中介服务费的比例，必然最终会导致负盈利状态。威客本身就是在威客平台上出售自己的廉价智力，如果再被扣除一定酬金的比例，结果肯定会放弃这种谋生方式，纷纷流失。研究市场上的五家威客网站的盈利机制发现目前只有猪八戒网和K68创意平台考虑了其他盈利方式，而且数字非常低。猪八戒网除去20%的服务费是主要收入来源以外，还有从 Banner、Logo 广告，到 Flash 多媒体动画、在线影视等多样的广告收入。截止到 2016 年，猪八戒网成交总金额近 30 亿，该网站共经营了 10 年，平均每月收入不到 2500 万元，对于一个拥有 1500 万威客用户的企业而言，其盈利程度可见一斑。由此可见，猪八戒网在盈利机制方面还有很大提升的空间。

4. 信息服务机制有待整合

在威客网站经营过程中信息服务机制起着举足轻重的作用，信息服务机制不完善的话，会影响到用户对其的忠诚度和美誉度，从而降低了用户黏性，最终影响到网站的盈利情况。从目前相关威客信息服务机制评价可以看出，需求方、威客、网站三方的沟通渠道处于一片混乱的状态，相互之间的沟通方式都不健全。目前，猪八戒网的沟通方式和媒介形式相比而言比较完善，但是也不能将这些沟通渠道很好地整合梳理。

7.2.4 优化策略

1. 定价机制

（1）营造价质相符的公平氛围

在长期经营中猪八戒网大力提倡价高质优的理念，杜绝需求方过低的报价，加强日常的运营管理，从而使定价机制形成良性循环。如果需求方的任务报价符合甚至高于市场价值，会吸引更多的威客参与任务竞标进行投稿，提交作品的质量提高，需求方满意度大大增加。从短期来看，这种公平氛围可能会使威客网站流失部分贪图便宜的会员，但是从长远眼光来看，需求方能获得满意的解决问题的答案，威客方能获得匹配的收入，对于交易双方都有保障、互相促进发展，进而大大提高了威客网站的利润。

（2）制定最低报价规制

需求方肯定是希望消费价格越低越好的，并且以低价得到高质量的服务，尤其是当有多个威客竞争一个任务时，为了得到订单，报价时可能会产生恶性竞争。而此时就需要猪八戒网严格监控需求方的报价行为，并针对平台上各类任务制定出相应的最低价格。而最低价格的制定依据一方面是参考市场上其他渠道完成任务的价格，另一方面是计算出类似任务在其他威客网站的平均价格。如果需求方的报价远远低于最低限价，任务就不会发布出来，系统自动终止。

（3）智能指导用户定价

如今在大数据时代里，威客网站可以利用商务智能技术来指导用户定价。猪八戒网首先要建立威客任务价格数据库，途径就是深度挖掘自身平台以往任务和其他威客网站类似任务的价格，并加以处理，然后依据需求方提交任务，充分利用数据挖掘技术、智能代理技术和数据匹配技术将类似任务自动搜索出来，反馈给需求方一个价格范围的参考。在智能指导用户定价机制下，为需求方不知如何报价提供了指导。

（4）建立竞价模式

竞标是比较新兴的竞价模式，相比"一口价"的交易模式，竞标竞价模式能更大限度地发挥竞争者的自身优势。当需求方发布任务时宣布最高价格，然后由众多威客根据自身情况报出自己的价格，需求方依据这些报价以及威客以往作品的质量和信用度来选择入围的威客，之后从入围威客提供的作品中选取最满意的[①]。中标威客将得到任务酬金70%的奖励，其他入围威客将平均分得任务酬金的10%，这种竞标竞价模式可以保障需求方在预算之内获得想要的作品，并且保证了所有入围威客的收益。

2. 信用机制

（1）建立诚信监管机制

造假作弊和不诚信的现象是威客网站健康生存与发展的关键问题，

---

① 史新."威客"模式在国内的发展现状及优化研究［J］.情报杂志，2009（1）：156－160.

这就要求猪八戒网对其所有会员进行诚信教育和监管。举例来说，平台上的会员点击进入网站时，猪八戒网页面会自动弹出关于诚信监管的小贴士，需要会员阅读并点击任务中的诚信按钮后才能发布或接受任务，同时客服人员进行监管。但这只能治标不治本，要想根本解决威客诚信问题，还是应该交给外包方以及威客自身的自律，让威客对其负责任务进行监督，如果有异议，猪八戒网便立刻启动诚信监管机制。诚信监管必须严格控制外包方以及威客所提供的个人信息的真实性，通过验证电子邮件、电话、身份证等方式进行实名验证。为了促进客服人员其自身对网站形成正确的认识和更规范地完成工作，网站对客服人员也应该进行诚信监管，这样一来可以有效地避免作弊形式的不诚信现象。威客网站作为网络经营商在优化信用机制中应起到重要作用，建立的诚信服务平台必须具有高质量和安全性强的特点，并且以"用户需求"为出发点，为双方交易提供详细的信息，其中包含价格、信用分值等，交易双方可自由地获取商品信息，解决网络交易中存在的信息不对称的问题。

（2）设立内部审核机构

健康的环境才能使网站得到持续的发展，应该设立专业的审核机构来维护良好的交易风气。审核机构要参与完成审核平台上的边缘任务，这些任务如果正确引导就可被接受，反之会变为不道德的任务。同时，在威客平台上要定期公布违反法律和道德的任务类型，比如说代写学术论文、寻找黑客等等，以此来警告会员。此外，审核机构要定期抽样核查任务，后续跟踪交易双方合作情况，对威客和外包方进行适当的监管。具体做法是猪八戒网应设立在线投诉举报中心，用来举报非诚信行为，并且聘请专业人士或机构来受理并解决投诉事件。针对无法解决的纠纷投诉，建议采用投票制，并且投票制要跟会员的信用分值挂钩，某被投诉会员的行为和投票结果一致的话，则增加信用分值；反之，不相符的，则减少一定数额的信用值。

3. 知识产权保护机制

智力产品由于没有物流的烦琐过程而更具发展优势，但随之而来的问题也很明显，那就是更容易侵权或者被别人悄无声息地利用。例如竞标过一次却没有中标的产品，也是很有创意的，仍能在以后同类的竞标中脱颖而出，但是因为得不到好的保护变成免费无价值的作品，从而影响威客的生存。因此，威客网站要增强对其智力创意产品知识产权的保护力度。

4. 威客利益保障机制

为了保障威客会员的利益，维护网站正常运转，猪八戒网应该建立一套最低赏金保障体系。具体来说，就是赏金支付有下限，网站确定同类任务赏金的最低值，发布任务的外包方都必须遵守该项制度。不同类别的任务所要求的最低赏金额数值有所差别，以其技术、知识、时间、精力投入的大小为依据进行划分。如一个标志设计和一个电商平台项目，两个任务完成难度没有可比性，这就要求猪八戒网根据技术、知识等情况给出相应底价①。

7.3　本章小结

本章选择重庆两江新区国家数字出版基地具有代表性的企业，即华龙网和猪八戒网进行具体分析。华龙网拥有强大媒体资源、定位以重视本土化和民生为主线、以总成本为导向加强资源整合；华龙网面临社交媒体的冲击、移动互联网对用户阅读习惯的影响、传统媒体资金的缺乏

---

① 路红芳. 威客模式下猪八戒网创意产品的经营机制研究［D］. 北京：中央民族大学硕士学位论文，2016.

等；华龙网需要加大本地新闻和文化的传播力度、地方新闻向移动和互联转型、构建大数据新闻平台。

猪八戒网的特点是主要以会员营销方式为主，通过其"诚付宝"的资金管理模式，有先报价、先交稿等多种交易方式，采取了赏金保障机制等。其存在的问题是定价机制不完善、信用机制需要加强、盈利机制有待提升、信息服务机制有待整合。因此，要营造价质相符的公平氛围、设立内部审核机构、强化知识产权保护和威客利益保护等。

对重庆两江新区国家数字出版基地内的企业进行分析，可以以点带面，了解基地的整体发展状况、存在的问题及努力的方向，为下一章的总体解决方案的提出给予启示。

第八章

重庆两江新区国家数字出版基地发展策略及展望

中国共产党第十九次代表大会指出，要坚定文化自信，推动社会主义文化繁荣兴盛。文化是一个国家、一个民族的灵魂。文化兴国运兴，文化强民族强。没有高度的文化自信，没有文化的繁荣兴盛，就没有中华民族伟大复兴。要坚持中国特色社会主义文化发展道路，激发全民族文化创新创造活力，建设社会主义文化强国。中国特色社会主义文化，源自中华民族五千多年文明历史所孕育的中华优秀传统文化，熔铸于党领导人民在革命、建设、改革中创造的革命文化和社会主义先进文化，植根于中国特色社会主义伟大实践。发展中国特色社会主义文化，就是以马克思主义为指导，坚守中华文化立场，立足当代中国现实，结合当今时代条件，发展面向现代化、面向世界、面向未来的，民族的、科学的、大众的社会主义文化，推动社会主义精神文明和物质文明协调发展。要坚持为人民服务、为社会主义服务，坚持百花齐放、百家争鸣，坚持创造性转化、创新性发展，不断铸就中华文化新辉煌[1]。在21世纪的今天，重庆两江新区国家数字出版基地的发展既要本土化，服务本区域的广大人民群众，又要全球化，着眼世界数字出版革新的变化，把

---

[1] 习近平. 十九大报告全文 [EB/OL]. (2017-10-18) [2017-11-10]. http://www.china.com.cn/cppcc/2017-10/18/content_41752399.htm.

中华文化借助数字途径传播到世界各个角落。

8.1　调研分析

8.1.1　调研对象及方法

课题组主要对重庆两江新区国家数字出版管理部门和招商部门的相关管理人员，华龙网、课堂内外杂志社、重庆大学出版社、猪八戒网、中文在线、维普资讯等多家有影响力的基地企业的相关主要负责人进行了深度访谈。这些企业属于不同的产业群，样本就有普遍性的特点。此次调研目的主要是对重庆两江新区国家数字出版基地的发展状况和布局，基地内数字出版企业的发展现状，面临的发展困境，其未来的发展规划等进行具体研究。采用的主要调研方法为访谈法、观察法等。

8.1.2　调研结果分析

1. 企业选择入驻数字出版基地原因分析

笔者就重庆相关数字出版企业入驻基地进行调研时发现，数字出版企业入驻基地主要基于以下三方面的原因。

（1）政策共享

重庆两江新区国家数字出版基地采用了"园中园"式的建设布局，其所在面积约为6万平方米。入驻基地内的出版企业起到了很好的产业集聚效应，产业集聚的一大优势就是能够共享基地的优惠政策。重庆两江新区国家数字出版基地是全国第二家国家级数字出版基地，这也是中西部第一家，内陆第一家国家级数字出版基地，无论是国家层面还是重庆市都给予了很大的政策支持，基地内的企业集聚能有效共享这些优惠政策。

(2) 产业集聚

数字出版基地内集聚了众多的出版企业，这些企业的集聚一方面能够共享基地的优惠政策，另一方面企业之间形成产业链条，形成集聚效应。如以内容创意和版权交易为主体的猪八戒网就将基地内的其他企业看作是自己的服务对象，在服务其他企业的同时也需要其他有关出版企业提供的服务，数字出版基地为集聚在基地内的企业提供了一个相互服务、相互支撑的合作平台。

(3) 降低成本

降低成本也是吸引数字出版企业集聚在基地的原因之一。数字出版基地的出版业集聚能够为出版企业降低运行成本，不仅包括地租、税收等政策性成本，也包括企业集聚所带来的运营成本的降低，例如，企业间的相互服务、相互协助所降低的交易成本。基地内数字出版企业的集聚更容易形成企业的抱团发展，进而达到强强联合。这种集聚在降低企业自身成本的同时，也进一步提升了重庆两江新区国家数字出版基地的对外竞争力。

2. 关于数字出版企业自身发展存在的问题

(1) 内容生产问题：发展瓶颈凸显

数字出版业是知识高度密集型、技术高度密集型产业，同时也是紧密依托互联网的产业，知识更新的快速和网络技术的爆炸性发展，意味着数字出版产业需要不断创新，更需要不断进行转型升级的探索。在调研中发现，基地内的数字出版企业大多面临着产业模式创新升级的发展瓶颈。在采访中，华龙网相关部门负责人说："目前华龙网存在着内容生产不足的问题，具体表现在传统广告业务不断下滑，一些'互联网+'重点产业项目尚处于孵化期和平台建设期，技术服务业务方面发展滞后。"同样的问题也出现在猪八戒网，猪八戒网副总裁刘川郁先生说："企业的数字内容生产存在着创新难度增加，数据平台建设也同样面临着内容开发不足的困境。具体表现在如何创造性地运用数字产业的发展服务实体经济的发展，目前'猪八戒下凡'的线下发展战略仍处于探索阶段。"重庆课堂内外杂志社作为一个教育数字出版企业也同样面临着内容生产与创新的难题。据课堂内外有关负责人介绍，课堂内外在内容生产上主要的难题是如何生产出受到消费群体所喜闻乐见的优质内容，同时也面临着如何将自己生产的优质内容更好地变现这样的难题。

（2）营销渠道问题：市场开发不足

根据第40次中国互联网发展状况调查统计报告的数据显示，2017年上半年，我国互联网使用中网络游戏和在线教育迅速发展，其中网络娱乐类应用进一步向移动端转移，手机网络音乐、视频、游戏、文学用户规模增长率在4%以上。[①] 但网络付费所占的比例还相对较低，网络付费的消费习惯还远没有形成，这些都对数字出版企业的市场开拓造成了一定的困难。重庆数字出版企业也同样存在营销渠道狭窄，市场开发难度大的问题，尤其是个人消费市场的开发还很薄弱。相比较起步较晚的重庆两江新区数字出版企业，尚没有形成稳固和成熟的数字产品消费市场。在对重庆数据库出版龙头企业维普资讯的调研中发现，维普资讯存在着市场开发难度增大的困境。消费者订阅数量不足，严重制约了其市场规模。其相关负责人更是直言，在付费阅读尚没有形成全民消费习惯的情况下，目前维普资讯市场推广仍然需要克服众多困难。在调研中，笔者还了解到作为由传统出版社转型而来的课堂内外杂志社，西南师范大学出版社以及重庆大学出版社在数字出版这一块都同样面临着用户需求不足，市场竞争日益激烈的严峻局面。

---

① 第40次《中国互联网络发展状况统计报告》［EB/OL］. ［2018 – 04 – 15］. http://www.cnnic.net.cn/hlwfzyj/hlwxzbg/hlwtjbg/201708/t20170803_69444.htm.

(3) 盈利模式问题：产业链条单一

在对数字出版基地内的调研中发现，数字出版企业虽然发展迅速，取得了较好的发展成绩，但仍还没有形成较大的经济规模，产业链条也不完善。1985 年，美国哈佛商学院教授迈克尔·波特（Michael Porter）率先提出了基于单个企业管理思想的价值链理论，即主张从企业活动的每个环节寻找价值增值点，进而获得并保持竞争中的优势。[1] 按照这一理论，数字出版企业应具备完善的数字出版产业链，即上游产业链—内容提供商，中游产业链—平台运营商或服务提供商，下游产业链—销售商这一完善的数字出版产业链组成[2]。目前重庆两江新区数字出版企业的产业链条还不完善，在对重庆课堂内外杂志社的调研中了解到，课堂内外杂志社具有内容资源优势和版权优势，却缺少技术和渠道优势，缺乏专业性的销售平台来促进内容和设备的销售，所开发的电子书包是以服务外包的形式寻找其他技术企业来完成，虽然也体现了一定的产业协作精神，但缺少一条能够与自己的内容和销售相互补充与整合的专业性的平台开发商来完善产业链条。

(4) 用户终端问题：终端设备薄弱

数字出版与传统出版相比最为显著的区别就是内容呈现方式的终端化。数字出版阅读方式的多样性也促进了终端设备的多样化，同样多样化终端的运用也增加了出版物信息的丰富性。加拿大著名传播学者麦克卢汉很早就提出了"媒介即讯息"的观点，世界数字出版巨头亚马逊的迅速崛起很大程度上就归功于"终端+内容"的商业模式[3]。在对重庆数字出版基地的调研中，笔者了解到以维普资讯、维望科技为代表的

---

[1] Michael E. Porter. Competitive Advantage [M]. 北京：华夏出版社，2005.
[2] 刘菲. 数字化模式下 A 出版社价值链改进研究 [D]. 北京：北京工业大学硕士学位论文，2014.
[3] 张立、汤雪梅、介晶. 数字出版商业模式研究 [M]. 北京：中国书籍出版社，2016.

数据库出版企业和以课堂内外杂志社、西南师范大学出版社、迪帕数字传媒为代表的教育数字出版企业尚没有开发出属于自己独立的终端阅读设备。企业运用的终端设备大多还是移动智能手机、平板电脑等，这往往容易造成自身品牌创造力的不足，终端的趋同也导致了产品个性化的缺失，引起同质化的恶性竞争。课堂内外杂志社相关部门负责人表示，终端设备的薄弱直接削弱了企业的竞争能力，同时终端和内容之间的脱节也严重制约出版企业对市场的占有，造成对读者吸引力的下降，不利于自身品牌的建立，严重削弱了企业的发展后劲。

8.2　创新发展策略

8.2.1　基地宏观层面

1. 创立特色品牌，提升影响力

重庆两江新区国家数字出版基地注重对地产开发，忽略了对数字出版基地内容的宣传，导致品牌化程度不足。因此重庆两江新区国家数字出版基地需要注重对数字出版和数字出版基地的宣传。如在周围的交通岔路口设置通向基地的标识；在相关的公交站、地铁站等地方争取较为醒目的位置，提升基地的存在感和辨识度；同时基地加强对数字出版的普及，一方面增加用户的了解，另一方面通过进驻基地的华龙网、大渝网等的宣传来推广数字出版。在引进数字出版企业时，基地要以品牌化为先导，避免引入同质化企业，发挥重庆特殊地理位置作用，在规划发展时候考虑少数民族用户需求，增强自身竞争力和创新力。

2. 完善管理职能，提升基地创新能力

面对现在消费者需求的多样性、产业的多元化，我国的相关优惠政策也在不断做出调整，更富有针对性、精准性。国家数字出版基地政策可以根据不同阶段来制定，初期，重点在土地和资金上；发展中期，可以注重技术、金融的发展；成熟期，主要是加快平台建设，面向高端产业，重点产业建设，构建完整的企业增长链条，包含人才、资金、技术、知识产权等完整的链条。

同时，国家数字出版基地应当具有数字出版技术创新的机制，要使基地内品牌企业、项目不断地通过创新保持领先地位；要推动企业不断开展创新活动；要不断地孵化新创办的企业，基地应当辟出创客空间；要尽一切可能与周边大学形成体系性的技术创新合作。总之，基地应当从若干方面构建自己的技术创新体系。特别是要设法将大学纳入基地的技术创新体系，这是至关重要的一环。

3. 建立产学研相结合的"双元"人才培养模式

数字出版产业是一个创新性很强的产业，同时也是一个快熟发展的产业，知识的快速更新换代是数字出版企业的又一典型特征。据调研，目前重庆市基本没有开设数字出版专业的高校，开设编辑出版专业的高校也很少。即使在个别高校在相关专业细分中有所涉及，其使用的教材也早已滞后数字出版产业的发展。重庆的数字出版企业可以借鉴德国双元制的教育培养模式。双元制是对学生职业能力培养的一种，由学校和企业共同完成的职业教育模式。"双元制"的"一元"为学校，另"一元"为企业，这种模式将产学研紧密结合起来，从而实现学校与企业相结合，理论与实践相结合，从而形成新的人才培养模式①。例如，杭州国家数字出版基地与由北京印刷学院、吉林工程技术师范学院、武汉大学、广东财经大学、天津科技大学、浙江传媒学院等6所学校组建的全国高校数字出版联盟签订了共建"数字出版人才培养基地"战略合

---

① 张凤云."产、学、研"结合是职业院校人才培养的最佳模式[J].职业，2008（09）：28.

作协议,将以协作开放、优势集成、联合创新为思路,在深化校企合作、定向培育人才、开展学术交流以及项目合作等方面展开工作。重庆两江新区国家数字出版基地可以与重庆市相关高校签订战略合作协议。基地内相关企业如猪八戒网、华龙网等可以结合自身发展需要和高校联合,在培养自己需求的专业人才的同时为高校学生提供参与数字出版开发的机会,重庆高校应该根据数字出版企业发展的趋势编订自己的教材,使教材和重庆数字出版企业的实际紧密结合,从而建立重庆数字出版企业和重庆高校间的"双元"混合人才培养模式。

8.2.2 产业中观层面

1. 加强基地核心即"云计算"产业发展,形成集聚效应

重庆两江新区国家数字出版基地在未来发展中,要重点发展其核心,即大力发展云计算产业,形成产业集聚效应。其他21家国家数字出版基地均有其特色。如上海张江依托上海强大的电子游戏集群,重点发展网络游戏产业;安徽国家数字出版基地依托华强方特科技集团和科大讯飞公司,形成动漫产业和语音识别产业;重庆两江新区国家数字出版基地拥有国内最大的离岸数据处理中心,因此要坚持自己特色,大力发展云计算产业,打造"云端智能城市",形成集聚效应。

2. 形成关联产业链条,注重内容建设

在产业价值链理论中,约翰·沙恩克(John Shank)和菲·哥芬达拉加(V. Govindarajan)认为:产品的基本价值与其供应商、渠道商和卖方的各种活动连接起来构成同一价值系统,企业是价值生产过程中整个系列的一部分[1]。豆瓣就是一个位于产业链条中间的社交化网络阅读平台,豆瓣的上游业务就是服务其他生产商,豆瓣凭借具有规模的忠实

---

[1] 张晗. 文化科技融合背景下的中国出版产业数字化转型研究 [D]. 武汉:武汉大学博士学位论文, 2013.

用户对其上游合作商的内容营销具有决定性的影响力，豆瓣对于用户意见的即时收集和整理能力对于合作商的产品生产和营销策划都能起到智力支持的作用。豆瓣的下游业务就是电子商务网站，在产业链下游，豆瓣拥有直销平台、二手交易平台和豆瓣阅读器，上下游产业链的关联整合为豆瓣提供了多元化的盈利模式。重庆数字出版基地的猪八戒网、享弘影视、爱奇艺等可以借鉴豆瓣的产业链模式，立足自身特色的同时增强产业链上游、中游、下游的关联性，即在加强内容提供商、服务提供商、销售商的整合，各部分应增强协同意识，完善协作机制，加深合作的力度和深度，实现各链条之间的无缝对接，进而形成稳定的盈利模式。

产业建设过程中，一方面要鼓励各类型企业入驻，形成大中小型数字出版企业的多元局面，另一方面要注重内容建设，取缔一些违法违规企业，杜绝不良信息的传播，传播有市场竞争力的优秀产品。

8.2.3 企业微观层面

1. 内容生产创新

（1）分析用户需求，生产个性化内容

在移动阅读、微阅读日益成为数字时代常态的情况下，通过大数据精准分析来满足用户个性化需求。对于代表互联网出版集群的华龙网而言，在精准分析用户需求、个性化内容生产方面可以借鉴上海澎湃新闻网的成功案例。澎湃新闻拥有精心采编的专题栏目，多角度解析新闻信息，很容易获得深度阅读用户的青睐。澎湃新闻将自身定位为"中国实证第一品牌"，通过分析用户需求，生产专业、权威的时政类新闻，通过精准定位赢得了大量用户，创建了独特的品牌特性；对于以课堂内外杂志社、西南师范大学出版社、重庆大学出版社、迪帕数字传媒等为代表的教育数字出版产业集群可以借鉴美国的集团分析用户需求的成功案例。亚马逊始终坚信"数据就是力量"，利用其拥有的20亿用户的用户大数据，通过预测计算 140 万台服务器上的 10 亿个 GB 的数据来分析用户需求，通过分析使得亚马逊可以轻而易举地知道用户在想什么，在搜索什么，在看什么，在需求什么，亚马逊的"心愿单"可以让潜在用户和忠实用户存储自己需要的产品，搜索、浏览和通过对心愿单的监测可以让亚马逊详细地了解消费者的内容需求，从而有针对性地制作个性化内容并推荐给用户。

（2）增强用户黏性，推动 UGC 的发展

在 web2.0 时代，UGC（user generate content）成为数字传播的突出特征，UGC 的发展基于用户兴趣点的培养，用户兴趣点的建立进而又增强了用户的黏性。以享弘影视、爱奇艺等为代表的数字创意产业集群可以借鉴豆瓣的内容生产机制。豆瓣是一个完全由用户生产内容的网站，其核心产品就是它的社交网络中 UGC 生产的内容，通过 UGC 激发用户参与内容生产的积极性。通过推荐机制和算法生产出内容指向明确的书、音乐或电影来满足用户个性化的需要。豆瓣始终让网民体验到更多的是由他们的兴趣所决定的产品内容。基于个人兴趣爱好为基础的豆瓣平台，强调用户体验，"高质量的 UGC"成为豆瓣区别于其他社交平台的一个显著的优势，良好的社区氛围和黏性群体也让这个社交平台被大量品牌所关注。以享弘影视、爱奇艺等为代表的数字创意产业在内容创新生产中需要注重对读者兴趣的培养，让读者主动发掘，生产自己感兴趣的内容，增强内容的可分享性，通过 UGC 的广泛运用可进一步延伸内容的附加值，需要注意的是在对 UGC 的打造上，数字出版企业更需要对其进行合理的引导，对内容进行严格的把关，做好"守门人"这个角色。

2. 营销渠道创新

（1）以整合精准营销为基础

网络整合营销强调企业在进行营销时要遵循 4I 原则①，即从趣味原则（Interesting）、利益原则（Interests）、互动原则（Interaction）、个性原则（Individuality）入手进行数字出版营销策略的制定。腾讯网络游戏 4I 营销策略的成功可以给重庆数字出版基地中的完美世界、隆讯科技、五四科技等动漫游戏企业以借鉴。腾讯拥有专业的游戏营销团队，配置了 150 多位营销经理分别负责用户分析、产品定位、营销策略、广告投放、公关传播等具体的事务。腾讯在《QQ 炫舞》的营销中注重对用户趣味点的激发，《QQ 炫舞》营销团队借助微信，开发出"炫彩朋友圈"，给予用户在朋友圈中充分彰显个性的机会，通过朋友圈的互动与视听生动有趣地吸引用户。腾讯游戏在营销中更注重对用户利益的维护，腾讯实施"新手卡"营销策略，用户通过"新手卡"可以免费领到游戏道具、游戏装备、游戏币等奖励。这里以《穿越火线》为例，新注册用户和老兵回归都可以免费领到大量的武器装备，通过对玩家利益的维护不断刺激玩家回归游戏。腾讯营销的互动性和个性化更是其营销战略的核心，腾讯推出"MOTO 逃离无聊岛"线上互动游戏体验，通过 QQ 账号登录进行无聊测试，并根据测试结果引导用户参与游戏、答题等带有互动性和个性化的活动降低无聊指数。

（2）基于"长尾理论"的高收益营销

"长尾理论"是由连线总裁克里斯·安德森（Chris Anderson）提出，他认为营销的重点应放在"冷门"的长尾，而不是"热销"的头部。数字出版突破了传统出版的阶段性营销的限制，出版内容的数字化，有效规避了传统出版经营印刷和库存的风险，风险的有效规避使出

---

① 整合营销［EB/OL］.（2017 - 04 - 27）［2018 - 04 - 15］. https：//baike. so. com/doc/2347345 - 2482321. html.

版企业可以实行按需出版的策略,将用户的潜在需求和"长尾"营销相结合,通过向用户提供优质内容,发挥"长尾效应"即通过"尾部"价值的长期积累来实现数字出版的高收益。在众多的数字出版企业中谷歌是一个最为典型的"长尾"企业,"长尾"在谷歌的成功中扮演着重要的角色,谷歌抓住成千上万的中小微企业这一巨大的长尾广告市场,正是这一部分大型广告商不屑一顾的长尾市场给谷歌创造了巨大的利润,这些众多的中小微企业形成了谷歌非常可观的利润市场。对于华龙网、大渝网、天极网等这样的互联网出版产业,在传统广告业务不断下滑的局面下,可以借鉴谷歌的长尾生存法则,寻找到新的广告业务突破口,发掘新的营销模式,不失为一种可行的选择。

3. 产品盈利模式创新

盈利模式直接关乎数字出版企业的生死存亡,数字出版与传统出版相比拥有更多的多样化的盈利模式。重庆数字出版企业目前已有的盈利模式有数据服务、信息服务、数字图书出版,版权交易等方式。国外数字出版发达的国家中,不同的数字出版产业有着截然不同的盈利模式,不同类型的数字出版集团只专注于自己领域内的业务。对于课堂内外等这种教育出版企业来说培生集团就是一个成功的案例,培生集团建立200多个网站组成自己的教育服务网络,为教学支持、教辅帮助、教材指导提供全方位的优质服务。培生集团出版的教材基本上都拥有配套的学习软件,包括作业检查、学习指导、课程管理等。课堂内外、西南师范大学出版社等可以借鉴培生集团通过将纸质图书和数字产品捆绑的方式实现线上和线下的整合,大力推动内容的定制服务,扩展个人消费市场。还可以通过建立电子商务网站,开发专属手机 APP 来实现付费阅读、付费下载、电子杂志包月订制等,实现盈利模式的多样化,打造立体化的盈利模式;对于维普资讯、维望科技等专业出版集团可以学习欧美发达国家的发展模式建设大型数据库。例如,约翰·威立集团拥有500多种专业期刊,该集团积极从学科和内容入手,建立了医学、技术、科学等几大专业数据库，更好地满足不同用户的个性化需求，摸索出了一条有效成功的商业模式。

4. 终端设备创新

（1）强化终端设备的开发

"内容+设备"是数字出版的发展趋势，也是国外大型数字出版商成功的关键因素。针对重庆数字出版企业在终端设备上面的薄弱，只有将内容和终端进行紧密的结合，才能实现重庆数字出版企业的长远发展，在今后的发展中重庆数字出版企业可以借鉴国外数字出版先进企业的发展模式，例如，亚马逊的"设备+内容"发展模式，重点强化移动终端设备的建设。通过移动终端设备向用户提供高质量的精品内容，增强用户对终端设备的使用黏性，最终将内容和终端设备转化为价值；盛大文学在2010年7月推出一款专为阅读而开发的终端设备"锦书"，其具有分辨率高，上网快捷和领先的太阳能充电，超长待机，先进的TTS语音引擎、具有真人朗读效果等优点使得"锦书"上市就立刻引起轰动效应。亚马逊和盛大锦书的成功给予课堂内外杂志社、西南师范大学出版社、迪帕数字传媒这些教育数字出版产业开发终端设备提供了诸多有益的启示。

（2）开发特色鲜明的终端设备

终端设备的开发不仅要时刻保持自己的特色，而且要注重和自己的内容相匹配。同质性的终端设备不仅不会增强数字出版企业的竞争力，相反由于特色的消失，反而会进一步削弱用户用于对于数字出版企业内容的识别力。目前市场中的终端设备多是以移动智能手机为搭载平台，这就造成了数字出版企业终端设备严重的同质性，重庆数字出版企业在未来的终端设备开发中更需要突出自己特色，例如，苹果公司开发的App Store就是一款特色鲜明的封闭式应用平台，App Store的封闭垄断性使其拥有用户体验和开发平台的一致性，App Store延续了苹果公司封闭性的特点，其具有聚到唯一性、认证唯一性和运行唯一性的特点，即 iPhone 智能在 App Store 上下载应用,只能在通过苹果公司的认证才可以使用,只能在 iPhone 上运行下载的应用①。苹果设备的封闭性增强了用户对 App Store 的依赖性,帮助苹果公司维系了大量忠实用户。以完美世界、隆讯科技、五四科技为代表的动漫游戏产业集群可以借鉴苹果公司封闭性的特色,重点开发出具有自己鲜明特色的游戏终端设备,如,通过模块的划分,开发个性化的内容,通过个性化鲜明的设计,形成自己独具特色的竞争优势。

8.3 展 望

8.3.1 成为西部内陆数字出版高地

重庆两江新区国家数字出版基地经过 7 年的建设,已经步入快速高效的发展轨道。目前两江新区国家数字出版基地已经形成了五大产业集群,各数字出版企业间相互关联程度不断提高,稳健的数字出版产业链条正在形成。与此同时,重庆两江新区国家数字出版基地在吸引海内外投资、吸引人才等方面更是出台了一系列的支持政策。例如,2017 年 8 月 8 日,两江新区发布了旨在打造中西部重要投资地的四个"黄金十条"招商政策。"黄金十条"招商政策从项目落户、建设、持续发展到上市阶段,在财税、人才、增长、创新、市场、投融资、场地、资金配套等方面给予企业全生命周期、全方位的扶持。相比广州、武汉、成都等周边地区的优惠政策,重庆两江新区数字出版基地的优惠政策延长了

---

① 陈思亦. 手机出版封闭模式与开放模式之比较——以 iOS 和 Android 为例 [J]. 出版广角,2014 (17):54 - 57.

对企业的帮扶时间,加大了奖励力度。如对于落户新区达到实缴注册资本要求的企业总部,以及金融、先进制造业和科技型的重点企业,最高分别给予5000万、3000万、1000万和500万元的落户奖励。凭借"长江沿线经济带""一带一路"战略,以及十九大后文化产业的政策支持,重庆两江新区国家数字出版基地正逐步建成"内陆重要的先进制造业和现代服务业的基地"、"长江上游地区金融中心和创新中心""内陆地区对外开放的重要门户""科学发展的示范窗口"等战略定位和国家战略使命,届时重庆两江新区国家数字出版基地也将建设成为西部内陆数字产业发展的排头兵和西部内陆数字出版的高地。

8.3.2 数字出版产业将形成巨大辐射力

根植于文化特色浓郁的重庆数字出版企业拥有肥沃的文化土壤,作为巴蜀文化代表的重庆其受众辐射整个四川、贵州等周边省份,该区域人口总量接近2亿,蕴藏着巨大的数字出版消费市场。媒介地理受众既是数字出版的接受者,又是消费者和传播者。凭借无与伦比的政策和区位条件,重庆数字出版企业在立足本土发展的过程中,借助"一带一路"战略可以将辐射范围扩大至"一带一路"沿线国家,进一步扩大国际数字出版市场。例如2017年9月8日,猪八戒网对外宣布上线旗下首个国际服务网站——新加坡猪八戒网ZomWork中英双语人才服务交易平台成立。据猪八戒网资料显示,新加坡猪八戒网ZomWork中英双语人才服务交易平台上线试运营1个月,入驻商家超过200家,涵盖设计、开发、营销、文案翻译、品牌咨询、影视制作、企业服务、印刷等8大类,为新加坡雇主和服务商成功匹配订单40个。猪八戒网CEO朱明跃说:"猪八戒网进驻新加坡是我们2017年最重要的战略之一,让猪八戒网从服务中国开始逐渐服务全世界。"[①] 在数字影视领域中,享弘影视股份有限公司原创了7大题材、2个系列的精品动画片,已出品的原创动画片包括《乐乐熊》《森林故事》《魔盒与歌声》《乐乐熊奇游记》《乐乐熊的七彩音符》《乐乐熊之玩具王国》和《米拉历险记》《乐乐熊生存大冒险》,总计900多集、1.4万分钟,先后在中央电视台1套、6套、少儿频道、北京卡酷、上海炫动等全国41个省市电视台播出,并且已成功出口到中东、北美、东南亚、南亚、欧洲等30多个国家和地区[②]。这些数字出版企业的成功"走出去"为重庆两江新区数字出版企业积极向外发展,开辟国际市场起到了良好的示范作用。随着重庆数字出版企业"走出去"步伐的加快,届时,重庆数字出版企业将真正走出重庆,成为辐射全国,甚至东南亚、欧美等国的知名企业,其参与国际及地区竞争与合作的能力将进一步增强。

8.3.3 本土数字出版企业将不断壮大

目前重庆两江新区国家数字出版基地基本形成了五大产业集群,其中重庆本土数字出版企业日益呈现出蓬勃发展的势头。如以享弘动漫影视、重庆视美影视等为代表的本土数字动漫企业在动漫制作、发行、衍生品开发等IP战略方面有很强竞争力;以课堂内外、西南师范大学出版社等为代表的数字出版企业在数字教育领域具有浓郁的本土特色;以猪八戒网为代表的在线服务平台在服务众包领域具有领先型的地位。

这些扎根于重庆的本土数字出版企业一方面具有数字出版根基,另一方面拥有浓郁的本土特色,将会使重庆数字出版产业发展特色更为鲜明。

---

① 重庆服务"走出去"猪八戒网漂洋过海"取经"新加坡. [EB/OL]. (2017-11-01) [2018-04-15]. http://www.sohu.com/a/201695563_509979.
② 重庆享弘影视股份有限公司 [EB/OL]. (2017-03-20) [2018-04-15]. https://baike.so.com/doc/9923112-10270443.html.

8.3.4 数字出版产业基地智能化将会更加显著

作为紧跟技术潮流的数字出版产业而言，技术变迁对数字出版产业的影响是颠覆性的。重庆两江新区数字出版企业正加快人工智能研发和应用的步伐。如来自两江新区数字经济产业园的国内首个 RFID 行李分拣系统已经在重庆机场 T3 航站楼得到运用。RFID 即射频识别技术，是两江新区数字经济产业园区中重庆微标科技股份有限公司的核心技术，它的运用使机场丢包率不足 1%，结载一个航班前后用时不超过 2 分钟，相比以往的人工结载，效率至少提升了 5 倍①；在互联网金融领域，重庆目前唯一的持牌消费金融机构马上金融非常注重人工智能、大数据、云计算、区块链等技术研发，目前获得国家专利 53 项，尤其是 FaceX 活体人脸识别技术，其识别精准度高达 99.99%。其推进的小区智能刷脸门禁，跟重庆百货大楼股份有限公司合作研究的智能客服，超市刷脸支付等都在 2018 年实现突破，方便了市民的日常生活②。

未来数字出版产业基地将会是智能化的产业集群，物联网遍布园区的每个区域，信息接收、传播、使用更加快捷和便利。重庆两江新区国家数字出版基地将成为一个集大数据、区块链和人工智能一体的高新技术集聚地，成为西部数字出版产业的基石。

这些目标的提出，对于重庆两江新区国家数字出版基地的发展提出了新的要求。基地在诞生诸如猪八戒网、华龙网、课堂内外等优秀数字出版企业的基础上，必将从基地宏观层面、产业中观层面、企业微观层

---

① 国内首个 RFID 行李分拣系统来自两江新闻数字经济产业园 [EB/OL].（2018 - 03 - 05）[2018 - 04 - 15]. http：//www. liangjiang. gov. cn/Content/2018 - 03/05/content_ 415134. htm.

② 马上消费金融赵国庆：大数据和智能服务于民生，将改变生活 [EB/OL].（2018 - 03 - 05）[2018 - 04 - 15]. http：//www. liangjiang. gov. cn/Content/2018 - 03/05/content_ 415136. htm.

面进行三位一体变革，以促进重庆数字出版产业的进一步发展。

8.4 本章小结

本章对重庆两江新区国家数字出版基地的发展提出了策略性的建议，并进行了展望。首先，通过访谈的形式对基地管委会、相关企业进行了数字出版企业入驻基地原因、数字出版企业自身发展存在的问题、数字出版基地发展中存在的问题等三个方面进行了调研。其次，在调研基础上，从三个层面提出了创新发展策略。从基地宏观层面而言，要创立特色品牌、完善管理职能、建立产学研相结合的"双元"人才培养模式。就基地中观层面而言，加强基地核心"云计算"产业，形成关联产业，注重内容建设。就基地微观层面而言，要分析用户需求，推动UGC的发展，采用精准营销和基于"长尾理论"的高收益营销，打造多种盈利模式，强化并开发特色鲜明的终端设备，从而达到从内容到渠道，从盈利模式到终端设备的创新机制。重庆两江新区国家数字出版基地将成为西部内陆地区出版高地，数字出版产业将形成巨大辐射力，本土数字出版企业将不断壮大，数字出版基地智能化将更加显著。

结 语

媒体融合发展是传媒领域一场重大而深刻的变革。传统媒体和新兴媒体绝不是一个简单的此消彼长的关系，而是在一定条件下，比如在融合发展的条件下互相助长的态势。传统媒体和新兴媒体的关系，大体经历了三个阶段：一是传统媒体机构新增建设新兴媒体，二是传统媒体和新兴媒体互动发展，三是传统媒体和新兴媒体融合发展。现在正进入第三个阶段[①]。数字出版在"十二五"时期迅猛发展，已经成为新闻出版业的第二大产业，对于新闻出版业实现结构调整和提质增效、加快转型升级和促进融合发展起到了重要的促进作用，其作为战略性新兴产业和出版业发展主要方向的重要地位日益凸显。"十三五"时期，是落实"四个全面"战略布局的关键时期，也是实现传统新闻出版转型升级并与新兴出版融合发展的关键时期。

到"十三五"期末，新闻出版业数字化转型升级全面完成，传统出版与新兴出版融合发展初见成效；打造一批新兴出版与传统出版融合、两个效益俱佳、具有示范效应和强大国际竞争力的复合型出版机构，培育一批具有国际领先水平的新兴数字出版企业；出版一批导向正

[①] 刘奇葆. 加快推动传统媒体和新型媒体融合发展 [EB/OL]. (2014-04-23) [2017-11-10]. http://politics.people.com.cn/n/2014/0423/c1001-24930310.html.

确、质量上乘、形态多样、效益突出的数字出版精品；培养一批面向未来产业发展需要的数字出版专门人才和高端复合型人才；数字出版业服务于经济社会发展和公共文化服务体系建设的能力显著提升。

这些目标的提出，对于重庆两江新区国家数字出版基地的发展提出了新的要求。目前，基地结合自身的资源禀赋、产业基础、发展规划，建立了有地方特色的国家数字出版基地。诞生出了诸如华龙网、猪八戒网、课堂内外、维普咨询等一大批优秀的本土数字出版科技企业。

在传统媒体和新兴媒体日益融合的今天，作为新生事物的重庆两江新区国家数字出版基地而言，距离集群化和规模化发展还有许多路要走。要通过认真总结经验，探讨不足，深化认识，在"十三五"期间，取得更大发展，做出更多成绩。

参考文献

1. Gregory E, Williams A. City literacies: Learning to read across generations and cultures [M]. London: Routledge, 2000.

2. Cooke P. Regional Innovation System: An Evolutionnary Approach. InBar, Cooke P. and Heidenreieh R (eds). Regional Innovation Systems [M]. London: University of London Press, 1996.

3. Chizwina S R. An exploratory investigation into the status of reading promotion projects in South Africa [Dissertation]. University of Pretoria, 2011.

4. Michael L. Kleper. The Handbook of Digital Publishing [M]. New York: Prentice Hall, 2000.

5. Ball, Stephen. Inside Journal Publishing [M]. Berlin: Spring book, 2013.

6. Frania Hall. The Business of Digital Publishing: An Introduction to the Digital Book and Journal Industries [M]. New York: Routledge, 2013.

7. Interactive Indesign CC: Bridging the Gap between Print and Digital Publishing [M]. Boston: Focal Press, 2013.

8. Gamble N. Exploring Children's Literature: Reading with Pleasure and Purpose [M]. LosAngeles: Sage, 2013.

9. Finding the Future of Digital Book Publishing [M]. New York: Digital

Book World, 2013.

10. News in the Internet Age New Trends in News Publishing [M]. Paris: OECD, 2010.

11. Remaking the Movies Digital Content and the Evolution of the Film and Video Industries [M]. Paris: OECD, 2008.

12. Thomas Schatz. Hollywood: Clutural dimensions: ideology, identitity and cultural industry studies [M]. London: Routledge, 2004.

13. Adamantia Pateli. A Domain Area Report on Business Models [R]. White Paper. Athens University of Electronics and Business, Greece, November 2002.

14. Negassi, S. R&D cooperation and innovation: A micro econometric study on French firms [J]. Research Policy, 2004: 209 – 223.

15. 马歇尔·麦克卢汉. 理解媒介：论人的延伸 [M]. 何道宽译. 北京：商务印书馆, 2009.

16. 小林一博. 出版大崩溃 [M]. 甄西译. 上海：三联书店, 2004.

17. 马歇尔. 经济学原理（下）[M]. 陈良璧译. 北京：商务印书馆, 2009.

18. 罗杰·菲德勒. 媒介形态变化 [M]. 明安香译. 北京：华夏出版社, 2000.

19. 迈克尔·波特. 竞争战略 [M]. 陈小悦译. 北京：华夏出版社, 2004.

20. 迈克尔·波特. 国家竞争优势 [M]. 李明轩, 邱如美译. 北京：中信出版社, 2012.

21. 盖伊·彼得斯冯尼斯潘. 公共政策工具：对公共管理工具的评价 [M]. 北京：中国人民大学出版社, 2007.

22. 财团法人数字内容协会. 数字内容白皮书2008 [M]. 日本：经

济产业省商业情报政策局监修, 2006.

23. 克里斯·安德森. 长尾理论 [M]. 乔江涛译. 北京：中信出版社, 2006.

24. 安德森. 免费：商业的未来 [M]. 北京：中信出版社, 2009.

25. 彭兰. 网络传播概论（第三版）[M]. 北京：中国人民大学出版社, 2012

26. 苏东水. 产业经济学 [M]. 北京：高等教育出版社, 2002.

27. 杜骏飞. 网络传播概论 [M]. 福州：福建人民出版社, 2010.

28. 陈欣, 朱庆华等. 基于 YouTube 的视频网站用户生成内容的特性分析 [J]. 图书馆杂志, 2009（9）: 51–56.

29. 芮明杰, 刘明宇, 任红波. 论产业链整合. 上海：复旦大学出版社, 2006.

30. 程恩富. 文化经济学通论 [M]. 上海：上海财经大学出版社, 1999.

31. 黄先蓉, 罗紫初. 数字出版与出版教育 [M]. 北京：高等教育出版社, 2009.

32. 罗宾斯等. 管理学（第九版）[M]. 北京：中国人民大学出版社, 2010.

33. 方卿, 姚永春. 图书营销学教程 [M]. 长沙：湖南大学出版社, 2008.

34. 于刃刚, 李玉红等. 产业融合论 [M]. 北京：人民出版社, 2006.

35. 陈昕. 美国数字出版考察报告 [M]. 上海：上海人民出版社, 2008.

36. 郝国胜, 杨哲英. 新编国际经济学 [M]. 北京：清华大学出版社, 2003.

37. 朱战备. 产品生命周期管理：PLM 的理论与实务 [M]. 北京：

电子工业出版社，2004.

38. 刘吉发．产业政策学［M］．北京：经济管理出版社，2004.

39. 綦建红．国际投资学教程［M］．北京：清华大学出版社，2005.

40. 利育良，蒲华林．国际贸易概论［M］．北京：清华大学出版社，2006.

41. 卓骏．国际贸易理论与实务［M］．北京：机械工业出版社，2006.

42. 祁述裕．中国文化产业发展战略研究［M］．北京：中国社会科学文献出版社，2008.

43. 芮明杰．产业经济学［M］．上海：上海财经大学出版社，2012.

44. 传媒经济学市场、产业与观念［M］．北京：中国传媒大学出版社，2009.

45. 邵培仁，杨丽萍．媒介地理学：媒介作为文化图景的研究［M］．北京：中国传媒大学出版社，2010.

46. 郭庆光．传播学教程［M］．北京：中国人民大学出版社，2011.

47. 邵培仁．传播学［M］．北京：高等教育出版社，2007.

48. 财团法人数字内容协会．数字内容白皮书2008［M］．日本：经济产业省商业情报政策局监修，2006.

49. 克里斯·安德森．长尾理论［M］．乔江涛译．北京：中信出版社，2006.

50. 周尚意，孔翔，朱选．文化地理学［M］．北京：高等教育出版社，2004.

51. 芮明杰，刘明宇，任红波．论产业链整合．上海：复旦大学出版社，2006.

52. 程恩富. 文化经济学通论 [M]. 上海：上海财经大学出版社，1999.

53. 黄先蓉，罗紫初. 数字出版与出版教育 [M]. 北京：高等教育出版社，2009.

54. 罗宾斯等. 管理学（第九版）[M]. 北京：中国人民大学出版社，2010.

55. 中国出版科学研究所. 2012—2013 中国数字出版产业年度报告 [M]. 北京：中国书籍出版社，2014.

56. 邱均平. 评价学：理论·方法·实践 [M]. 北京：科学出版社，2010.

57. 于刃刚，李玉红等. 产业融合论 [M]. 北京：人民出版社，2006.

58. 迈克尔·波特. 竞争论（第三版）[M]. 北京：中信出版社，2012.

59. 毛磊. 文化创意产业集群的演化与发展 [M]. 镇江：江苏大学出版社，2013：59.

60. 胡永佳. 产业融合的经济学分析 [M]. 北京：中国经济出版社，2008.

61. 中华人民共和国文化部对外文化联络局（港澳台办），北京大学文化产业研究院. 中国文化对外贸易年度报告（2012）[M]. 北京：北京大学出版社，2012.

62. 左文. 文化全球化视野下的中国数字出版业 [M]. 北京：清华大学出版社，2012.

63. 李婉萍，罗贤栋. 工业园区的竞争力分析 [M]. 北京：中国纺织出版社，2005.

64. 赵波，徐云峰. 现代园区经济研究 [M]. 成都：电子科技大学出版社，2006.

65. 夏大慰，龚仰军，杨公朴．产业经济学教程［M］．上海：上海财经大学出版社，2008．

66. 皇孝章，张志林，陈丹．数字出版产业发展研究［M］．北京：知识产权出版社，2010．

67. 范锋．中国网络企业商业模式创新［M］．北京：社科文献出版社，2012．

68. 柴彦威，曲华林，马枚．开发区产业与空间及管理转型［M］．北京：科学出版社，2008．

69. 郝振省．数字时代的全媒体整合营销——中文在线全媒体模式案例剖析［M］．北京：中国书籍出版社，2009．

70. 官建文，唐胜宏．中国移动互联网发展报告［M］．北京：社会科学文献出版社，2012．

71. 方卿等．数字出版产业管理［M］．北京：电子工业出版社，2013．

72. 徐丽芳等．数字出版概论［M］．北京：电子工业出版社，2013．

73. 郭亚军．基于用户信息需求的数字出版模式［M］．北京：世界图书出版公司，2010．

74. 刘锦宏．数字出版案例研究［M］．北京：电子工业出版社，2014．

75. 张立．2015—2016中国数字出版产业年度报告［M］．北京：中国书籍出版社，2016．

76. 范军．出版文化与产业专题研究［M］．武汉：华中师范大学出版社，2012．

77. 张秀生．科技园区与区域经济发展［M］．武汉：中国地质大学出版社，2014．

78. 孙洛平．产业集聚的交易费用理论［M］．北京：中国社会科学出版社，2006：19.

79. 魏后凯. 产业转移的发展趋势及其对竞争力的影响 [J]. 福建论坛（社会经济版），2003（4）：11-15.

80. 汤天甜，李惠. 浅析数字出版移动化转型中的变革与困境 [J]. 出版广角，2016，（12上）.

81. 郝振省. 千帆竞发济书海2016数字出版的分析与展望 [J]. 科技与出版，2017（1）.

82. 刘茂林，董康，晏国轩. 基于云计算的教育出版模式的探索实践——以重庆迪帕数字传媒有限公司为例 [J]. 科技与出版，2016（11）.

83. 王勇安，张雅君. 论出版产业融合发展的战略思维 [J]. 出版发行研究，2016（4）.

84. 重庆两江新区党工委宣传部. 重庆两江新区打造"双创"新生态 众创空间、孵化器等载体总面积已达15万平方米 [J]. 重庆与世界，2017（1）.

85. 康小明，向勇. 产业集群与文化产业竞争力的提升 [J]. 北京大学学报（哲学社会科学版），2005（7）：17-21.

86. 卢霞. 政策工具研究的新进展——对萨拉蒙《政策工具——新治理指南》的评介 [J]. 福建行政学院福建经济管理干部学院学报，2005（2）：18-23.

87. 肖东发. 出版人才的需求和出版教育改革 [J]. 科技与出版，2007（4）：53-55.

88. 焦扬. 聚焦国家数字出版基地推动数字出版产业发展 [J]. 中国出版，2009（5）：15-16.

89. 向勇，陈涧颖. 文化产业园区理想模型与"曲江模式"分析 [J]. 东岳论丛，2010（12）：139-143.

90. 张晋升，杜蕾. 数字出版产业链融合的价值和路径 [J]. 中国出版, 2010 (16): 44-46.

91. 王天净. 中国文化产业园区存在的问题及对策 [J]. 当代传播, 2011 (4): 119-120.

92. 徐维东, 许琼英. 上海复合型数字出版人才培养策略与论 [J]. 科技与出版, 2011 (12): 117-120.

93. 刘金祥. 我国城市文化产业园区发展现状及对策 [J]. 中共天津市委党校学报, 2011 (6): 69-74.

94. 赵文兵, 朱庆华. 微博客用户特性及动机分析——以和讯财经微博为例 [J] 现代图书情报技术, 2011 (2): 69-75.

95. 李兰. 我国文化产业园区发展路径的思考 [J]. 前沿, 2011 (24): 172-174.

96. 买静, 张京祥, 陈浩. 开发区向综合新城区转型的空间路径研究——以无锡新区为例 [J]. 规划师, 2011 (9): 20-25.

97. 张博、庄子匀. 数字出版人才培养策略研究 [J]. 出版与印刷, 2011 (3): 14-17.

98. 吴江文. 基于MOOC理念的教育数字出版引导教育资源配置策略探析 [J]. 科技与出版 2014 (2): 16-21.

99. 张振安. 传统出版与数字出版产业链融合之路探究 [J]. 出版广角, 2014 (9): 60-62.

100. 陈兰枝, 范军. 教育出版数字化转型的困境与对策研究 [J]. 编辑之友, 2015 (6): 10-13.

101. 徐雅金. "云出版"平台与数字出版产业链的构建 [J]. 传播与版权, 2015 (12): 50-51.

102. 吴江文. 我国数字出版产业政策内涵与体系 [J]. 科技与出版, 2016 (9): 32-36.

103. 莫远明. 国家数字出版基地的运行实践及其走向 [J]. 新闻研究导刊, 2012 (12): 46-51.

104. 郭莉. 试论福建省文化产业园区建设的推进之策 [J]. 福建论坛（人文社会科学版），2012（11）：157-161.

105. 衣彩天. 出版产业链模式构建初探 [J]. 编辑学刊，2010（3）：84-88.

106. 莫远明. 国家数字出版基地的政策演进与发展态势分析 [J]. 出版广角，2012（8）：26-29.

107. 姜胜林. 浅谈数字出版产业链融合的价值和路径 [J]. 传播与版权，2015（12）：127-129.

108. 李熙. 国家级数字出版基地需要解决的几个问题 [J]. 出版参考，2013（7）：14-15.

109. 江凌，倪洪怡. 上海文化产业园区管理：现状、问题与对策 [J]. 福建论坛（人文社会科学版），2013（4）：53-59.

110. 李熙. 国家级数字出版基地需要解决的几个问题 [J]. 出版参考，2013（3上）：14-17.

111. 吴世文，刘俊俊. 数字出版与大都市产业集聚发展模式 [J]. 重庆社会科学中，2013（9）：77-83.

112. 陆奕彤，杨海平. 我国国家数字出版基地发展研究 [J]. 科技与出版，2013（10）：7-9.

113. 宫丽颖. 我国国家数字出版基地建设分析 [J]. 中国出版，2013（20）：36-38.

114. 张云飞，张晓欢. 试论我国文化产业园区建设的现状、问题与对策 [J]. 中国市场，2013（20）：42-46.

115. 王炎龙，黎娟. 我国数字出版基地建设的困局及发展路径 [J]. 出版科学，2013（2）：81-84.

116. 郭瑞社. 韩国坡州出版城：超越对Book City的所有设想 [J]. 出版参考，2013（10）：45-46.

117. 曾伟明. 构建健康合理的数字出版产业链 [J]. 科技与出版，

2011（3）：7-9.

118. 崔洪铭. 信息资源产业链结构分析——以数字出版为例 [J]. 情报资料工作，2014（1）：62-66.

119. 赵立新，谢慧铃. 试析数字出版的图书产业链转型 [J]. 出版发行研究，2012（8）：52-5.

120. 张振安. 传统出版与数字出版产业链融合之路探究 [J]. 出版广角，2014（18）：60-62.

121. 徐丽芳. 出版产业链价值分析 [J]. 出版科学，2008（4）：18-19.

122. 杨伟晔. 数字出版基地的内涵及界定 [J]. 广西师范学院学报（哲学社会科学版），2014（11）：144-147.

123. 陈岚岚. 传统出版与数字出版的产业链差异与融合 [J]. 现代出版，2013（5）：43-45.

124. 朱佳俊，唐红珍，刘进. 动漫全产业链发展模式比较研究 [J]. 科技管理研究，2014（11）：92-95.

125. 陈超英. 数字版权价值的最大化 [J]. 出版参考，2010（22）：19-20.

126. 吴信训，吴小坤. 我国数字出版产业链的冲刺关键——构建数字出版公共（交易）平台的构想 [J]. 新闻记者，2010（8）：24-27.

127. 中原首个国家级数字出版基地落户洛阳 [J]. 印刷质量与标准化，2013（4）：6.

128. 许益亮，靳明，李明焱. 农产品全产业链运行模式研究——以浙江寿仙谷为例 [J]. 财经论丛，2013（1）：18-94.

129. 杨曙. 数字出版产业链的整合模式与优化运营 [J]. 六盘水师范学院学报，2013（10）：14-19.

130. 凌媛媛，顾玲挂. 上海张江高新技术产业开发区政策协同创

新的现状问题分析 [J]. 未来与发展, 2015 (10): 108-113.

131. 朱静雯, 曹媛, 方爱华. 我国出版上市公司数字化转型的困境与对策 [J]. 出版广角, 2016 (6上): 28-31.

132. 徐艳. 基于需求导向的数字出版产业生态系统的研究 [J]. 编辑之友, 2011 (8): 81-84.

133. 马锐. 我国数字出版产业持续发展的现状、问题与对策 [J]. 新闻知识, 2014 (1): 49-50.

134. 衣彩天. 我国数字出版产业链现存问题及解决策略 [J]. 编辑之友, 2014 (2): 19-21.

135. 方卿. 资源技术与共享: 数字出版的三种基本模式 [J]. 出版科学, 2011, 19 (1): 28-32.

136. 林昌强. 数字出版服务模式及其演变趋势探析 [J]. 新闻传播, 2013 (10): 126.

137. 应彧. 亚马逊在中国数字出版市场的策略研究及建议——基于对数字出版产业链的研究 [J]. 科技传播, 2015 (7下): 41-42.

138. 方雅丽. 自出版产业链模式探究——以亚马逊和盛大为例 [J]. 东南传播, 2016 (7): 77-80.

139. 闻轩. 华中数字出版论坛在武汉举行 [J]. 出版参考, 2013 (9): 22.

140. 闫鑫. 2015—2016 年我国移动出版产业年度观察 [J]. 科技与出版, 2016 (8): 4-8.

141. 于文. 出版业免费商业模式探析 [J]. 编辑之友, 2016 (1): 22-26.

142. 易群. 大众数字出版的免费商业模式探析 [J]. 新闻研究导刊, 2016 (9): 282-283.

143. 韦文杰. 国家数字出版基地的发展路径分析——重庆市北部新区国家数字出版基地 [J]. 经济研究导刊, 2014 (13): 213.

144. 聂震宁. 产业集群思维与数字出版基地建设的思考 [J]. 出版发行研究, 2016 (7): 8-13.

145. 俞锋, 王佳佳. 杭州建设国家数字出版基地的法律保障机制研究 [J]. 中国出版, 2013 (8下): 41-44.

146. 代杨, 肖超. 基于自组织理论的我国国家数字出版基地发展策略 [J]. 出版发行研究, 2016 (3): 11-13.

147. 陈东. 智慧城市中的文化产业新业态思考 [J]. 山东行政学院学报, 2014 (1): 90-93.

148. 孙玉玲. 智慧城市建设背景下的数字出版企业转型 [J]. 出版发行研究, 2016 (3): 05-09.

149. 陈丽芳. 我国电纸书的发展现状与对策 [J]. 中国出版, 2011 (2): 25-27.

150. 文宏武. 信息技术与出版的创新和转型 [J]. 出版参考, 2007 (9): 1.

151. 张真慈. 小村庄转型数字文创大基地 [J]. 文化月刊, 2015 (27): 22-25.

152. 莫远明. 数字出版产业引领功用及其核心竞争力提升研究 [J]. 出版广角, 2016 (8下): 19-21.

153. 杨曙. 数字出版企业的外部协同组织模型研究 [J]. 编辑学刊, 2016 (1): 93-96.

154. 任登魁. 全球价值链视角贫困地区产业集聚发展模式研究 [D] 天津: 天津大学博士学位论文, 2015.

155. 刘洪. 政策工具的评价与选择 [D]. 厦门: 厦门大学, 厦门大学硕士学位论文, 2005.

156. 郑凌峰. 国家数字出版基地政策工具选择研究——以海峡国家数字出版基地为例 [D] 厦门: 厦门大学硕士学位论文, 2014.

157. 李钦. "走出去"视野下的数字出版基地发展评价研究 [D].

武汉：华中科技大学硕士论文，2014.

158. 董红杰. 创意产业"五位一体"的成长路径研究［D］. 武汉：华中师范大学硕士学位论文，2014.

159. 薛海洋. 媒介地理学视角下的重庆北部新区国家数字出版基地研究［D］. 西安：陕西师范大学硕士学位论文，2016.

160. 第37次中国互联网络发展状况统计报告［R］. 中国互联网络信息中心，2016 – 01 – 22.

161. 李易. 2011中国数字出版产业十大预测［N］. 中国新闻出版报，2010 – 12 – 30（005）.

162. 李治国. 上海："张江模式"开拓新一轮创新之路［N］. 经济日报，2012 – 07 – 13（11）.

163. 姜梦诗，李起雄. 用理想打造韩国坡州出版城晶报，2015 – 05 – 21（07）.

164. 李明远. 青岛国家数字出版产业基地：内容与终端携手跨越"融合门"［N/OL］. 中国新闻出版广电报，2017 – 6 – 28. http：//media.people.com.cn/n1/2017/0628/c40606 – 29368983.html.

165. IP战略盛行于投资界［N］. 中国文化报，2015 – 10 – 31（003）.

166. 方胜. 江西数字出版六大项目签约［N］. 深圳特区报，2016 – 05 – 14（A3）.

167. 符樱. 华中国家数字出版基地年底开园［N］. 武汉晚报，2016 – 11 – 20（10）.

168. 涂桂林.《新闻出版业"十二五"时期发展规划中期评估报告》出炉［N/OL］. 中国新闻出版报，2014 – 10 – 17. http：//www.gapp.gov.cn/ztzzd/zdgzl/2015sswghzt/contents/6262/257026.shtml.

169. 章琦. 上海离世界创意之都还有多远［N/OL］. 解放日报，2008 – 12 – 1. http：//id.m6699.com/content – 8189.htm.

170. 崔立. 上海张江国家数字出版基地借先行优势创示范园区 [N/OL]. 出版商务周报, 2012-03-05. http：//www.zhangjiang.net/tabid/68/articleid/2795/default.aspx.

171. 文化部：近十年文化产业增加值年均增速超15% [EB/OL]. (2014-07-18) [2019-02-15]. http：//finance.sina.com.cn/chanjing/cyxw/20140718/152019750408.shtml.

172. 关于开展国家新闻出版产业基地（园区）抽检工作的通知 [EB/OL]. (2016-07-15) [2019-02-15]. http：//www.gapp.gov.cn/sapprft/contents/6588/301505.shtml.

173. 2015-2020年中国文化产业领域投资基金分析 [EB/OL]. (2010-09-10) [2019-02-15]. http：//www.chyxx.com/industry/201509/343353.html.

174. 十八届三中全会. 中共中央关于全面深化改革若干重大问题的决定 [EB/OL]. (2013-11-15) [2019-02-15]. http：//cpc.people.com.cn/n/2013/1115/c64094-23559163-2.html.

175. 九部门发布金融支持文化产业振兴发展指导意见 [EB/OL]. (2010-04-08) [2019-02-15]. http：//www.gov.cn/gzdt/2010-04/08/content_1576191.htm.

176. 2017-2022年中国应用软件行业运营态势及投资前景预测报告 [R/OL]. 智研咨询. 2017-02-28. http：//www.chyxx.com/industry/201702/499018.html.

177. 首个国家级数字出版基地在上海张江正式挂牌成立 [EB/OL]. (2008-07-17) [2019-02-15]. http：//www.xjhbk.gov.cn/Article/ShowArticle.aspx?ArticleID=311.

178. 国家新闻出版产业基地（园区）管理办法 [EB/OL]. [2019-02-15]. http：//www.chinadmd.com/file/xp36e63porp6ue3vrewcveav_2.html.

179. 柳斌杰. 加强复合型出版人才培养是数字出版发展的当务之急 [EB/OL]. (2009-07-21) [2019-02-15]. http://www.gapp.gov.cn/govpublic/1014/81966.shtml.

180. 重庆市统计局. 2016年重庆市国民经济和社会发展统计公报 [EB/OL]. (2017-03-20) [2019-02-15]. http://www.cqtj.gov.cn/tjsj/shuju/tjgb/201703/t20170320_440548.htm.

181. 杭州成为第三个国际级数字出版基地 [EB/OL] (2015-04-09) [2019-02-15]. http://zj.sina.com.cn/news/d/2015-04-09/detail-iawzuney2882588.shtml.

182. 袁慧晶. 江西获批建立国家数字出版基地 [EB/OL]. (2015-05-23) [2019-02-15]. http://news.xinhuanet.com/local/2015-05/23/c_1115383400.htm.

183. 文化部举行第二十三批违法违规互联网文化活动查处工作新闻通气会 [EB/OL]. (2015-03-31) [2019-02-15]. http://www.mcprc.gov.cn/whzx/whyw/201503/t20150331_439865.html.

184. 照母山科技创新城：重庆硅谷的"五种最" [EB/OL]. (2015-09-14) [2019-02-15]. http://cq.cqnews.net/cqqx/html/2015-09/14/content_35286720.htm.

185. 黄琳. 杭州国家数字出版基地8个园区托起数字出版新天地 [N/OL]. 中国新闻出版报, 2017-07-06. http://www.chinaxwcb.com/2017-07/06/content_357949.htm.

186. 张玲. 中南国家数字出版基地四海通达基地一期封顶 [EB/OL]. (2015-12-02) [2019-02-15]. http://hn.rednet.cn/c/2015/12/02/3854797.htm.

187. 温相勇, 蒲洋, 周兴林等. 2016年重庆数字出版产业发展报告 [EB/OL]. (2017-07-13) [2019-02-15]. https://667892.kuaizhan.com/12/49/p44617071344409.

188. 吴永奎. 广东国家数字出版基地深圳园区启动,深圳再添一国家级文化产业平台［EB/OL］.（2016－12－29）［2019－02－15］. http：//kb. southcn. com/content/2016－12/29/content_ 162657159. htm.

189. 西安国家数字出版基地今年全面交付［EB/OL］.（2017－02－27）［2019－02－15］. http：//news. cnwest. com/content/2017－02/27/content_ 14528205. htm.

190. 天津国家数字出版基地［EB/OL］.［2019－02－15］. http：//www. tjwhcy. gov. cn/system/2017/05/03/012281120. shtml.

191. 天津国家数字出版基地云计算中心正式启动［EB/OL］.（2016－02－20）［2019－02－15］. http：//info. duoduoyin. com/yinshuajishu/153298. html.

192. 江苏国家数字出版基地无锡园区.［EB/OL］.（2015－07－24）［2019－02－15］. http：//wgxj. wuxi. gov. cn/doc/2015/07/24/428639. shtml.

193. 重庆数字出版产业联盟成立,华龙网等37单位加入［EB/OL］.（2015－07－27）［2019－02－15］. http：//cq. cqnews. net/html/2015－07/27/content_ 34857362. htm.